사고력·창의력을 길러주는 필독서

학생과학문고편찬회 엮음

책머리에

오늘날 우리는 온갖 문명의 편리를 누리며 살고 있습니다. 버튼만 누르면 지구의 반대편 사람과도 얼굴을 보고 이야기하고, 인공 위성을 타고 우주 여행을 하고, 복제양을 만들어 내는 등 예전에는 상상도 못했던 일들이 일어나고 있습니다. 이러한 모든 일들은 과학의 힘으로 이루어지고 있습니다.

과학의 발달은 곧 인류 문명 발달의 역사라 할 수 있습니다. 과학의 발전 없이는 국가의 발전을 기대할 수 없습니다. 오늘날 세계의 강대국이라고 자타가 인정하는 나라들은 모두 과학 발전에 엄청난 힘을 기울이고 있습니다. 왜냐 하면, 과학 기술의 발달은 국가 안보와 경제 발전, 그리고 국민 복지 향상의 척도이기 때문입니다.

제2차 세계 대전 후 선진 공업 국가들은 막대한 연구비를 투자해 가며 과학 기술의 우위를 차지하려고 노력해 왔습니다. 그 결과 오늘날에는 반도체를 중심으로 한 전자 공업, 컴퓨터를 중심으로 한 정보 산업, 생명 공학 등의 첨단 과학 기술이 선진국과 후진국을 판가름하는 기준이 되기에 이르렀습니다.

그런데 이러한 과학 기술의 발전은 단시일 내에 이루어지는 것이 아닙니다. 과학자들의 꾸준한 연구와 인재 양성, 그리고 과학 기술 전반에 걸친 국민적 관심이 있어야만 가능합니다.

 특히, 자라나는 2세들을 위한 과학 교육은 어려서부터 자연과 접촉하며 호기심과 흥미를 갖는 데서부터 시작됩니다. 이러한 호기심이 문제를 해결하고 보다 큰 창의력으로 발전해갈 때 이것은 곧 미래에 훌륭한 과학 기술을 연구, 발전시키는 밑거름이 되는 것입니다.

 이 책은 학생들이 과학 공부를 하는 데 더없이 좋은 학습 참고서가 될 것이며, 과학 기술에 대한 흥미와 관심을 갖는 데 많은 도움을 줄 것입니다. 또한, 과학에 대한 올바른 지식과 합리적이고 논리적인 사고력을 길러, 창의력을 갖춘 미래의 훌륭한 과학자로서의 자질을 갖출 수 있도록 노력했습니다.

 부디 이 책을 통해 미래의 훌륭한 과학자들이 많이 배출되기를 기원해 마지않습니다.

편집자 씀

곤충의 몸
● 곤충의 생김새 · 12
작은 생물이 보인다 · 12
곤충의 몸(1) · 14
곤충의 몸(2) · 16
곤충의 몸(3) · 25

곤충의 생활
● 곤충의 생활 · 28
살아 있는 화석, 바퀴벌레 · 28
흰개미는 개미가 아니다 · 31
산으로 올라가는 늦고추잠자리 · 33
꽃 속에서 숨어 견디는 사마귀 · 34
자라는 곳에 따라 바뀌는 메뚜기 · 36
곤충은 왜 울까? · 38
햇볕 쬐기를 하는 나비 · 41
유지 매미는 1년생 · 44
소금쟁이가 물에 뜨는 까닭 · 47
우담화 · 48
알이나 애벌레를 지키는 노린재 · 50
땅 위의 사냥꾼, 길앞잡이 · 52
장수풍뎅이의 생활 · 54
벌레의 힘겨루기 · 56
행복의 곤충, 무당벌레 · 59
똥을 먹는 뿔풍뎅이 · 61
물에 사는 물방개와 물땡땡이 · 63
물맴이의 비밀 · 65
여인숙의 하녀, 물자라 · 66
반딧불이는 어디에 있는가 · 68
반딧불이는 어떻게 비치는가 · 70
요람을 만드는 거위벌레 · 71
밤 속에 들어 있는 애벌레 · 74
개미집의 생김새 · 75
개미의 가족 · 77
튼튼한 쌍살벌의 집 · 79

차례

사냥의 명수, 조롱박벌·81
나나니벌의 기묘한 생활·83
꿀벌의 댄스·86
작은 거인 기생벌·87
노예 사냥을 하는 개미·90
버섯을 재배하는 개미·91
숨어 버린 겨울의 곤충·94
벼룩은 점프의 챔피언·95
나비가 꽃을 발견할 때까지·97
먹이가 되는 풀에 알을 낳는 까닭·100
나비와 나방의 차이·103
나방은 어째서 등불로 모여들까·105
개미에 의해 길러지는 나비·106
나뭇가지 모양을 한 자벌레·108
어디에 있나·110
등에가 벌과 비슷한 까닭·111
동작까지 똑같은 의태·112
도롱이벌레의 기묘한 생활·115
나비가 나는 코스·117
겨울에만 나타나는 곤충·120
귀와 곤충·121
벌의 독·123
여행을 하는 곤충·126
곤충의 스피드·129
독벌레는 어떤 것인가·131
13시간 반의 비밀·134
곤충은 뛰어난 건축가·137

곤충의 생장
● 곤충의 생활·140
곤충의 변태(탈바꿈)·140
호랑나비의 한살이·142
무당벌레의 한살이·144
장수풍뎅이의 한살이·146
잠자리의 한살이·148
매미의 한살이·150
메뚜기의 한살이·152

곤충의 몸

곤충의 생김새

● **작은 생물이 보인다**

지금까지 전세계에 알려져 있는 곤충의 종류는 약 80만 종으로서, 오늘날 지구에 살고 있는 동물의 약 75퍼센트를 차지한다.

이들 곤충의 무리를 몸의 형태나 구조가 비슷한 것끼리 묶으면 약 30개의 무리로 나눌 수 있다. 절지 동물·연체 동물·환형 동물·편형 동물·강장 동물·해면 동물·원생 동

🔴 절지 동물―동물의 형태와 비슷한 것끼리 나누면 약 30개의 무리가 되는데, 곤충은 그 가운데 절지 동물 무리에 속한다.

물·척추 동물 등이 그것이다. 이들 가운데 제일 종류가 많은 것이 90만종이 넘는 것으로 알려져 있는 절지 동물이다.

절지 동물은 몸이 많은 마디로 되어 있거나 다리에 마디가 있다. 그리고 몸의 표면은 갑옷처럼 단단한 큐티클(큐티쿨라층)이라는 외골격으로 싸여 있다. 이러한 절지 동물은 갑각류·거미류·곤충류·다지류의 네 무리로 이루어져 있고, 이 가운데 가장 종류가 많은 것이 곤충류이다.

절지 동물에는 곤충뿐만 아니라, 물 속에 살며 다리가 5쌍인 새우·게 등의 갑각류와, 지네·노래기처럼 발이 많이 달려 있고 몸이 머리와 배로 구분되는 다지류, 그리고 거미나 전갈·진드기 같은 거미류가 있다.

곤충은 그 종류만큼이나 생김새도 매우 다양해서 얼핏 보기에는 전혀 다르게 보인다. 하지만 이들은 공통적으로 몸이 머리·가슴·배의 세 부분으로 되어 있다.

머리에는 대부분 1쌍의 더듬이와, 1쌍의 겹눈과 3개의 홑눈, 그리고 입이 있다. 가슴은 대개 3개의 마디로 되어 있으며, 3쌍의 다리가 있다. 날개는 보통 2쌍이지만 1쌍만 있는 것도 있고, 퇴화하여 없는 것도 있다. 배에는 마디가 있고 마디마다 숨구멍이 있다.

곤충은 자라는 동안 몸의 형태가 여러 번 바뀐다. 우리가 흔히 벌레라고 부르는 아주 작은 동물 중에도 곤충류에 속하는 것이 많다.

곤충류가 이렇게 발달할 수 있었던 것은 환경에 대한 곤충들의 적응력이 대단히 뛰어나기 때문이다.

곤충은 숲과 들뿐만 아니라 땅 속, 컴컴한 굴 속, 물 속, 사막 등 어느 곳에나 살고 있으며, 우리가 살고 있는 집 구석구

🔺 곤충이 사는 장소—곤충은 환경에 대한 적응력이 뛰어나기 때문에 숲, 땅 속, 물 속 등 어디에나 살고 있다.

석에서도 여러 가지 곤충을 볼 수 있다. 심지어 북극이나 남극의 아주 추운 곳에서부터 적도 바로 아래의 무더운 곳까지, 곤충이 살지 못하는 곳은 없다. 그러나 1년으로 일생을 마치는 곤충이 대부분이며, 1~2개월에 일생을 마치는 종류도 있다.

● **곤충의 몸(1)**

한 마디로 곤충이라고 해도 그 종류는 매우 많다. 몸 표면에 비늘가루가 있다든지 큰 날개가 있어서 겉으로 보기에는 다른 종류일 것이라고 생각하기 쉬우나, 크기와 모양에는 상관없이 공통된 구조를 가지고 있다.

먼저 장수풍뎅이를 예로 들어 설명해 보기로 하자.

장수풍뎅이의 몸은 딱딱해서 둥근 갑옷을 입은 것처럼 보인다. 이 갑옷은 피부가 딱딱하게 된 것이며, 마치 게의 껍데기와 같은 것이다. 그러나 몸 속에는 뼈가 없다. 근육은 이 껍데기 속에 가로·세로로 걸쳐져 있고, 내장과 신경 등은 이 근육에

둘러싸여 있다.

장수풍뎅이는 누구나 다 몸이 딱딱할 것이라고 생각하지만 잠자리와 메뚜기 또는 나비의 애벌레도 같은 구조를 하고 있다. 그러나 우리들은 힘이 너무 세기 때문에 갑옷처럼 느끼지 못할 따름이다. 이와 같은 구조를 '외골격(外骨格)'이라고 한

🔴 장수풍뎅이—몸의 겉면이 딱딱한 외골격으로 싸여 있어도 마디로 되어 있어 움직일 수 있다.

다. 이에 비해 사람이나 새·짐승과 같이 몸 속에 뼈를 가진 것을 '내골격(內骨格)'이라고 한다.

그런데 곤충이 다리나 배를 굽히기 위해서는 딱딱하거나 단단한 껍데기가 분리되어 있지 않으면 안 된다. 그렇지 않으면 자유롭게 활동할 수가 없다. 이러한 단점을 곤충은 여러 개의 마디로 이루어져 있는 몸의 구조로 해결하고 있다.

● 곤충의 몸(2)

곤충의 몸이 머리·가슴·배로 되어 있다는 것은 벌이나 개미를 보아도 이내 알 수 있다. 그런데 가슴과 배를 잘 살펴보지 않으면 구별되지 않는 것도 있다.

매미나 갑충류(甲蟲類), 귀뚜라미 등을 위에서 볼 때는 뒷다리가 배에서 나와 있는 것처럼 보인다. 이것은 가슴과 배가 서로 붙어 있을 뿐만 아니라 다리가 복잡하게 교차되어 있기 때문이다. 머리에는 감각 기관이 모여 있으며 외계의 상태를 살피는 구실을 한다.

다음에서 곤충의 각 부분에 대해 좀더 상세히 살펴보도록 하자.

겹눈과 홑눈

대부분의 곤충에는 2개의 겹눈과 3개의 홑눈이 있다. 겹눈은 육각형의 수많은 낱눈들로 이루어져 마치 벌집처럼 보인다.

낱눈들은 제각기 눈의 작용을 하지만, 그 수만큼 많은 물체를 볼 수 있는 것은 아니다. 낱눈의 구조는 매우 간단해서 일직선으로 들어오는 빛만 받아들일 수 있다. 따라서 각각의 낱

🔺 잠자리 눈—잠자리의 겹눈은 육각형의 낱눈으로 이루어져 있어 마치 벌집처럼 보인다.

눈에 맺히는 상은 물체의 일부분뿐이다. 그렇기 때문에 잠자리의 눈에는 이 각각의 낱눈에 맺힌 조각조각의 경치가 마치 모자이크 그림처럼 하나의 상으로 모여 보이는 것이다. 따라서, 겹눈을 이루는 낱눈의 수가 적으면 그 곤충은 물체의 모양을 대강밖에 볼 수 없다.

 꿀벌은 꿀이 많은 곳을 발견했을 때, 나중에 다시 그 곳을 찾아갈 수 있는 능력을 가지고 있다. 이것은 형체를 알아보고 기억할 수 있는 겹눈이 있기 때문이다.

 대부분의 곤충은 우리가 흑백 텔레비전을 보는 것처럼 사물을 본다고 한다. 하지만 나비나 벌처럼 사람이 볼 수 없는 자외선을 보는 것도 있고, 꿀벌처럼 색깔을 구별하는 눈을 가진

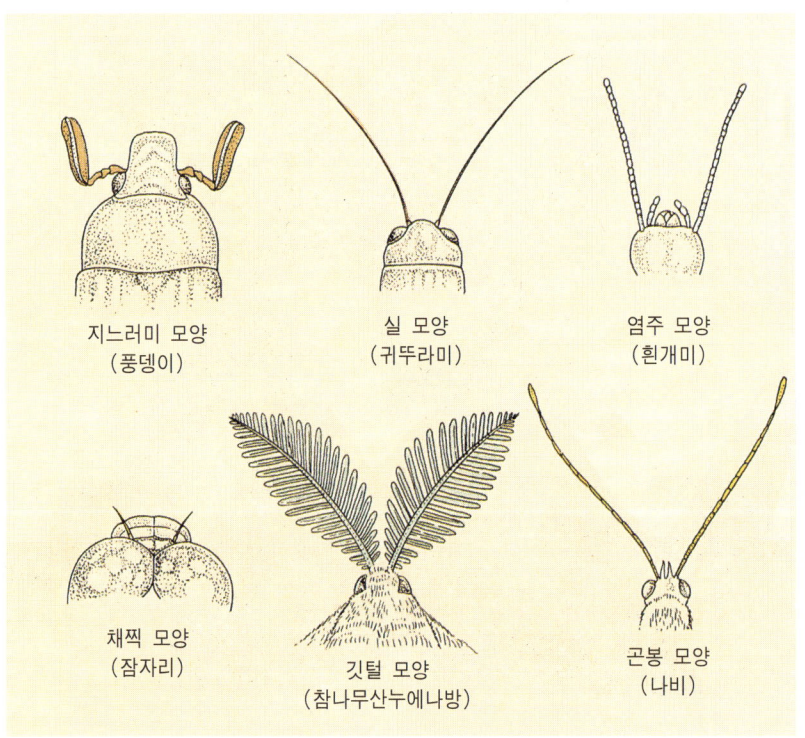

🔴 곤충의 더듬이는 종류에 따라 길이와 생김새가 다양하다.

것도 있다. 하지만 이들 곤충이 보는 꽃의 색깔과 모양은 우리가 보는 것과는 많이 다르다.

매미나 메뚜기 등과 같은 곤충은 2개의 겹눈 외에 겹눈 사이의 이마 쪽에 2~3개의 홑눈을 더 가지고 있다.

홑눈은 빛의 밝기나 방향만 느낄 뿐, 겹눈처럼 물체의 모양이나 색깔을 볼 수는 없다.

더듬이

머리 앞쪽에 나와 있는 한 쌍의 더듬이는 곤충이 살아가는 데 필요한 갖가지 정보를 얻는 중요한 기관이다.

곤충은 더듬이로 냄새를 맡아 먹이를 찾거나 암컷을 찾아가며, 공기의 진동을 느껴 소리를 들을 수 있다.

또 물체에 더듬이를 대어 봄으로써 장애물을 알아 내기도 하며, 먹이에 더듬이를 대어 보고 맛을 구별하기도 한다.

이와 같이 곤충이 더듬이로 물체의 상태를 느낄 수 있는 것은, 더듬이 표면에 있는 털과 구멍 때문이다. 털로는 움직임을, 구멍으로는 냄새를 알아 낸다.

곤충에게서 더듬이를 잘라 내면 보통 이런 역할을 못하게 된다. 할 수 있더라도 더듬이가 있을 때보다 훨씬 반응이 더디게 나타난다.

더듬이의 길이와 생김새는 곤충의 종류에 따라 매우 다양하다. 하늘소나 나비처럼 몸길이의 2배나 되는 더듬이를 가진 곤충이 있는가 하면, 잠자리나 파리처럼 더듬이가 아주 짧아서 잘 보이지 않는 것도 있다.

곤충의 더듬이는 암컷보다 수컷이 더 크고 긴 편이다. 이것은 암컷이 내는 소리나 냄새를 수컷이 빠르게 알기 위한 것으로 보인다. 또, 낮에 활동하는 곤충보다 밤에 활동하는 곤충의 더듬이가 더 긴 것이 보통이다. 밤에는 주위를 더욱 세심하게 살펴야 하기 때문이다. 풀숲에 사는 곤충들의 더듬이가 긴 것도 같은 까닭이다. 이에 비해 시력이 좋은 곤충의 더듬이는 그렇지 않은 곤충보다 더듬이의 길이가 짧은 편이다.

더듬이는 가슴에 있는 다리와 같은 것에서부터 변화한 것으로 여겨지는데, 그 모양새에 따라 지느러미 모양·실 모양·염주 모양·곤봉 모양·채찍 모양·깃털 모양 등으로 분류할 수 있다.

입

곤충의 입은 큰턱, 작은턱, 윗입술, 아랫입술 등으로 이루어져 있다. 큰턱은 사람의 앞니와 어금니에 해당되는 것으로, 먹이를 물거나 씹어서 잘게 부수는 역할을 한다. 작은턱은 큰턱이 열려 있을 때 먹이가 입 밖으로 새어 나오지 않게 닫혀 있다.

곤충의 입은 무엇을 먹느냐에 따라 그 모양이 다르다. 예를 들어 풀잎을 씹어 먹는 메뚜기의 큰턱은 소나 말의 이빨처럼 절구같이 생겨서 씹어 먹기에 알맞다. 하지만 메뚜기와 같은 무리에 속하는 귀뚜라미는 무엇이나 잘 먹는데다가 육식을 하기 때문에 큰턱이 고양이의 이빨처럼 날카롭게 되어 있다.

하늘소처럼 나무 껍질을 씹어 먹는 것은 큰턱이 날카롭고 단단하다. 사슴벌레의 수컷은 싸울 때 잘 발달된 큰턱을 무기로 사용하기도 한다.

한편 꽃의 꿀을 빨아먹고 사는 나비의 입은 꿀을 빨기에 알맞게 긴 대롱처럼 생겼는데, 보통 때는 긴 입을 태엽처럼 돌돌 감고 있다. 파리와 같은 곤충은 입술이 변하여 혀가 된 것

🔴 나비의 빠는 입—가늘고 긴 입이 평소에는 돌돌 말려 있지만 먹이를 발견하면 빨대처럼 길게 펴서 꿀을 빨아먹는다.

과 작은턱이 변하여 혀가 된 것이 있다. 털이 나 있으므로 먹이를 핥아서 빨아들이기에 좋다.

나무즙을 먹는 매미나 동물의 피를 빨아먹는 모기의 입은 날카롭고 뾰족하다. 그래서 입을 딱딱한 나무나 동물의 몸에 찔러 넣고 빨아먹기에 좋다. 물 속에 사는 곤충 중에서 게아재비나 물장군도 이와 같이 찔러 빠는 입으로 다른 곤충이나 물고기·올챙이 등의 체액을 빨아먹고 산다.

가 슴

곤충의 가슴은 튼튼한 상자 모양으로 되어 있으며, 여기에

🔴 먹이를 잡고 있는 잠자리―잠자리의 다리에는 가시가 있어서 날아가는 먹이를 쉽게 잡을 수 있다.

근육이 들어 있다. 이 근육은 다리나 날개를 재빠르게 움직이는데 쓰이고, 몸을 적으로부터 보호하는 기능이 있다.

가슴은 3개의 마디로 되어 있으며, 각각의 마디에는 2개의 다리가 나 있다. 그래서 곤충의 다리는 모두 합쳐 6개이다.

다 리

곤충은 앞다리 1쌍, 가운뎃다리 1쌍, 뒷다리 1쌍씩 모두 3쌍의 다리를 가지고 있다. 그런데 이 다리들의 역할은 각기 다르다.

앞다리는 몸을 앞으로 잡아당겨 나아가는 데 쓰이며, 가운뎃다리는 몸을 들어 올리거나 떠받치는 데 쓰인다. 뒷다리는 몸을 앞으로 미는 역할을 한다.

물 속에 사는 곤충인 경우에는 다리의 역할이 조금 달라진다. 앞다리와 뒷다리는 수면을 받치는 데 사용되며, 가운뎃다리로는 헤엄을 친다.

다리의 생김새도 사는 장소와 생활 방식에 따라 다르다. 땅속에 굴을 파고 다니는 땅강아지의 다리는 땅을 파기 편리하도록 앞다리가 매우 굵고 힘도 세다. 메뚜기의 다리는 뒷다리가 굵고 길어서 점프하기에 알맞다.

잠자리는 다리와 다리 사이에 가시가 있어서, 한 번 붙잡힌 먹이는 이 가시에 걸려서 달아날 수 없다. 사슴벌레와 같이 나무타기를 하는 곤충의 다리는 미끄러지지 않도록 발톱이 나무를 붙잡기에 편리하게 발달해 있다.

걸어다니는 곤충의 다리는 튼튼하고 길다. 앞다리는 몸을 내밀고 가운뎃다리는 몸을 지탱하며, 뒷다리는 몸을 미는 구실을 한다.

물 속에 사는 곤충의 뒷다리는 길며 털이 나 있어 이것을 노처럼 움직여서 헤엄을 친다. 물 위를 미끄러지듯 다니는 소금쟁이의 다리 끝은 가는 털로 덮여 있는데, 이 가는 털이 물을 겉돌게 해서 몸을 떠 있게 하는 역할을 한다.

날개

날개는 등 쪽의 피부가 늘어난 것이며, 붙어 있는 자리는 경첩처럼 되어 있다. 등 쪽으로부터 배로 향한 굵은 근육의 수축 작용에 의하여 날개를 아래위로 움직일 수 있다.

곤충의 가슴은 앞가슴·가운뎃가슴·뒷가슴으로 나누어지는데, 날개는 가운뎃가슴과 뒷가슴에 각각 1쌍씩 있다. 그러나 모든 곤충이 똑같이 2쌍의 날개를 가지고 있는 것은 아니다.

파리·모기 등은 뒷날개가 퇴화하여 1쌍만 있고, 일개미는 날개가 모두 퇴화되었다.

날개가 제구실을 하기 위해서는 가슴의 근육이 발달해야 한다. 가볍고 튼튼한 날개가 있어도 가슴의 근육이 발달하지 않으면 잘 날 수 없다. 또한, 날개에는 날개맥이라는 줄이 나 있다. 하지만 이것도 아무렇게나 나 있는 것이 아니라 곤충에 따라 그 모양이 각각 다르다.

곤충의 날개는 종류에 따라 생김새뿐 아니라 나는 방법과 역할도 다르다.

나비는 앞뒤 날개를 동시에 움직이지는 않지만, 좌우의 날개가 위와 아래에서 합쳐지는 것처럼 움직인다. 나비의 나는 모습이 물결치는 것처럼 보이는 것은 바로 이 때문이다. 날개를 이런 방법으로 움직이면 방향을 민첩하게 바꿀 수 있다.

무당벌레는 몸을 덮고 있는 앞날개가 딱딱하기 때문에 오래 날 수 없다. 무당벌레는 날 때 앞날개를 펼치고, 그 밑에 있는 부드럽고 넓은 뒷날개를 움직인다. 이 때, 펼쳐진 앞날개는 몸을 공중에 뜨게 하는 역할을 한다.

잠자리는 앞뒤 날개를 동시에 움직이는 대부분의 곤충과 달리, 앞날개와 뒷날개를 따로따로 움직여서 날기 때문에 똑바로 날 수 있다.

곤충은 지구상에서 제일 먼저 하늘을 날게 된 생물이다. 곤충이 그만큼 발전하게 된 가장 핵심되는 요건이 날개라는 사실은 짐작하고도 남음이 있겠다.

● 곤충의 몸(3)

　곤충의 배 옆쪽을 살펴보면 여러 개의 구멍이 보이는데, 이것이 숨구멍이다. 이 곳은 공기가 출입하는 구멍으로 사람으로 말하면 콧구멍에 해당되는 곳이다.

　곤충의 몸을 살펴보면 배에는 물론 가슴이나 머리 속까지 숨관이 마치 모세 혈관처럼 퍼져 있다. 더욱이 곳곳에는 주머니와 같이 생긴 기낭(氣囊)이 있다. 이것은 곤충의 호흡계에 속하는 것으로 곤충만이 가지고 있는 독특한 것이다.

　이 기낭은 공기 속의 산소를 숨구멍으로부터 받아들여 몸 속의 세포로 직접 보내는 구실을 한다. 이것은 새나 짐승과

🔺 메뚜기의 기낭은 몸의 구석구석까지 산소를 운반한다.

같이 허파를 통하여 산소를 혈액 속으로 보내는 것과는 근본적으로 다르다.

입에 이어져 있는 식도는 가슴에서는 가는 관으로, 배 부분에서는 굵게 되어 양분을 소화·흡수할 수 있는 창자로 되어 있다.

창자 뒤쪽에 가는 끈과 같은 것이 많이 나 있는 것은 말피기씨관이라고 일컫는 배설 기관이다. 체액 속에 들어 있는 필요 없는 물질을 받아 창자로부터 똥과 함께 배설하는 작용을 한다.

그런데 곤충의 몸에는 모세 혈관이란 것이 없다. 피부가 엷은 배추벌레의 등 쪽을 보면 가는 관이 맥박치는 것이 보인다. 이것은 심장에 해당하는 배맥관(背脈管)이다.

배맥관은 뇌 가까이로부터 항문 위쪽까지 한 개의 관으로 연결되어 있고, 배 부분에는 좌우에 여러 개의 구멍이 열려 있다. 이것은 근육으로 받쳐져 있고, 수축할 때마다 체액을 빨아들여 앞쪽으로 보내는 펌프의 역할을 한다. 그것은 끝의 구멍으로부터 몸 속 내장 사이를 지나 다시 뒤쪽으로부터 펌프로 들어가게 되어 있다.

곤충의 몸의 아래쪽에 있는 신경은 뇌에 이어져 있으며, 원칙적으로는 각각의 마디마다 신경 마디가 있고, 여기로부터 가지로 나누어져 있다. 대개의 경우, 신경 마디가 집약되어 있으나 마디의 수와 반드시 일치하는 것은 아니다.

생식 기관은 암컷은 알집이, 수컷은 정소가 좌우 한 쌍씩 있다.

알을 많이 낳는 것이 많으므로 배 부분이 거의 대부분 알집으로 차 있는 것이 적지 않다.

곤충의 생활

곤충의 생활

●살아 있는 화석, 바퀴벌레

곤충은 몸이 작고 피부도 그리 딱딱하지 않으므로 화석으로 남아 있는 것도 그다지 많지 않다. 따라서, 예부터 어떻게 변해 왔는지 자세히 알려져 있지 않다.

그런데 우리들 주변에 살고 있으면서 해충의 대표로 취급되고 있는 바퀴벌레는 뜻밖에도 화석이 발견됨으로써 그 역사가 밝혀졌다.

🔺 호박 속에서 굳어진 신생대의 바퀴벌레—곤충은 인간이 출현하기 훨씬 전에 이미 지구상에 나타났다.

🔻 고생대 석탄기의 상상도

 지금으로부터 약 3억 2000만 년 전 석탄기의 지구에는 여기 저기 거대한 고사리식물이 숲을 이루고 있었다. 이 때는 아직 공룡과 같은 큰 파충류는 나타나지 않았다. 육상의 척추 동물로는 도롱뇽 따위의 양서류의 조상이 물가에 살고 있을 정도였다.

 이 바퀴벌레 화석은 평평한 몸을 가졌으며, 날개는 등 쪽에 접어 겹치고, 전체의 모양은 지금 보는 바퀴벌레와 그리 차이가 없다.

 같은 시기에 날개길이 76센티미터가 되는 큰 잠자리와 비슷한 것이 날아다녔고, 4장의 날개 앞에 작은 2장의 날개를 가진 스테노딕티어가 지상 최초의 공중 생활자로 등장하였다.

🔺 공룡의 출현

　이후 공룡이 출현하여 지상을 느릿느릿 걸어다녔을 뿐만 아니라, 새의 조상이 나타나고, 꽃이 피는 식물도 나타났다.
　또 이로부터 얼마 안 가서 인류가 나타나 오늘날의 인류 사회를 이룩한 것이다. 지금으로부터 바로 200만 년 전의 일이다.
　그 오랜 동안에 지구의 기후는 수없이 변했다. 하지만 이 바퀴벌레는 모양이 거의 변하지 않은 채로 지금까지 살아온 것이다.
　이 바퀴벌레는 무엇이든지 먹으며, 재빠르게 이동할 수 있고, 좁은 틈 사이로 숨어 들어가는 습성을 가졌다. 이러한 생태적 특성으로 인해 바퀴벌레는 여러 가지 불리한 조건에서도 살아남을 수 있었다.
　그리하여 인류의 역사보다 160배나 더 오래 전 옛날부터 살아온 대선배가 된 것이다.

● 흰개미는 개미가 아니다

 흰개미는 몸의 빛깔이 희기 때문에 개미의 일종이라고 생각하는 사람이 많은 것 같다. 이름까지 비슷하지만 흰개미는 보통 개미와는 전혀 다른 무리에 속하는 동물이다.
 종류에 따라서 모양이나 크기가 다르기는 하지만 어느 것이나 머리·가슴·배의 3부분으로 나누어져 있고, 굽어져 있는 큰 더듬이가 있다.
 그런데 흰개미의 몸은 머리와 몸통이 구별되기는 하지만 배에 잘룩하게 들어간 곳이 없으며, 더듬이도 짧고 똑바르다.
 몸이 가슴과 배로 똑똑히 구별되지 않는다는 것은 곤충 중

🔴 흰개미의 여왕개미와 병정개미

1. 가을이 되면 산에서 평지로 내려온다.
2. 연못에 알을 낳는다.
3. 알 상태로 겨울을 나고 이듬해 봄에 애벌레가 된다.
4. 애벌레에서 자라 허물을 벗는다.
5. 어른벌레가 되어 산으로 올라간다.

🔶 고추잠자리는 평지의 연못과 산 사이를 여행하는 잠자리이다.

에서도 원시적이란 증거가 되는 것인데, 바퀴벌레도 이와 비슷한 몸을 하고 있다.

이 전혀 다른 곤충을 개미와 같은 무리로 취급하게 된 까닭은 양쪽이 다같이 집단 생활을 하기 때문이다. 그런데 집을 이룬 모양을 살펴보면 매우 다르다.

개미는 '여왕'이라고 일컫는 큰 암컷을 중심으로 수많은 일개미들이 있다. 일개미는 암컷이지만 알을 낳지 못한다. 이 일개미들은 각자 맡은 역할에 따라 집을 짓고 먹이를 모으는 등 마치 집 전체가 하나의 생물처럼 협력하며 살아간다.

번식도 개미는 다리가 없는 애벌레 시절을 지나 고치 속에 들어가 번데기 과정을 거친 다음 비로소 성충이 된다(완전 변태).

이에 비해, 흰개미에는 여왕과 왕(수컷)이 있고, 일하는 것에도 암컷과 수컷의 양쪽이 있다. 또, 알에서 곧바로 사마귀나 메뚜기와 같이 작으면서도 어미와 비슷한 애벌레로 태어난다. 그러므로 따로 번데기라고 하는 기간이 없다(불완전 변태).

이처럼 개미와 흰개미는 얼핏 볼 때 서로 비슷한 것 같지만 사실은 생활 방식이나 생태가 많이 다르다.

● 산으로 올라가는 늦고추잠자리

고추잠자리와 같이 몸이 붉은 곤충은 약 20종류나 된다고 한다. 이 고추잠자리는 평야의 연못이나 무논에서 3월 중순께 부화한다. 막 부화된 애벌레는 길이가 2밀리미터 정도 되는데, 이 애벌레는 물 밑바닥의 진흙 속을 파고 들어가 물벼룩이나 실지렁이를 잡아먹고 자란다.

먹이가 많으면 성장도 빠르다. 4회 탈피하여 커진 애벌레는 언덕의 풀로 기어올라가 껍질을 벗고 잠자리가 된다. 그러나 몸색깔은 아직 엷은 분홍 색깔을 띠기 때문에 눈에는 그리 띄지 않는다.

이렇게 해서 자란 잠자리는 1마리씩 따로따로 높은 산으로 날아 올라간다. 여름 방학 때 산에 올라가면 이 고추잠자리의 떼를 볼 수 있다.

고추잠자리는 이 곳에서 햇볕을 받고, 자람에 따라 몸색깔도 차츰 붉은 고추처럼 붉어진다.

그리하여 가을철이 되면 떼를 지어 산에서 다시 평야로 내려오는데 이것을 늦고추잠자리라고 부른다.

평야로 되돌아온 늦고추잠자리는 짝짓기를 하여 물 속에 알을 낳고, 이 알에서 부화된 애벌레는 물 속에서 겨울을 나게 된다.

● 꽃 속에서 숨어 견디는 사마귀

삼각형의 머리를 가진 사마귀를 옆에서 손으로 건드리면 얼굴을 돌려 노려본다.

곤충 중에서 몸 전체를 움직이지 않고 모가지만을 움직이는 곤충은 그리 많지 않다. 모가지를 움직이는 곤충에는 사마귀와 잠자리, 벌, 그 밖에 일부 갑충이 있다.

재미나는 일은 목을 움직일 수 있는 곤충에는 육식성이 많으며, 이들은 특히 살아 있는 다른 동물을 잡아먹는다는 사실이다. 사마귀는 그 대표적인 곤충이라고 할 수 있다.

사마귀는 앞다리가 마치 낫과 같이 되어 있어서 다른 벌레

🔴 사마귀는 살아 있는 먹이만 잡아먹으며 주변의 색과 비슷해 숨어 있다가 먹이가 다가오면 잡아먹는다.

를 재빨리 잡을 수 있다. 그러나 그처럼 다리 모양이 편리하게 되어 있다고 해도 날아다니는 상대를 잡는다는 것은 쉬운 일이 아니다.

 그러므로 나무나 풀숲에서 가만히 기다리고 있을 형편은 못 된다. 따라서 이들은 벌레가 모여드는 장소를 찾아 몸을 숨긴다.

 이들은 보통 꿀을 많이 가진 꽃 가까이나 햇볕이 잘 닿는 풀숲에 숨어서 먹잇감이 가까이 오기를 기다린다. 마치 나뭇가지처럼 움직이지 않고, 앞발을 간추려서 언제라도 덤벼들 자세를 취하고 있는 것이다.

 그래서 꽃에 날아와 무심코 꿀을 빨기 시작한 나비가 갑자기 이 사마귀에게 습격당하는 광경은 흔히 있는 일이다.

 때로는 유지매미, 말벌, 여치, 노랑말잠자리 등과 같은 억센 곤충들도 사마귀의 밥으로 희생되는 일이 종종 있다.

● 자라는 곳에 따라 바뀌는 메뚜기

 생물이 살고 있는 환경과 깊은 관계를 맺고 있음은 여러분도 잘 알고 있는 일이다. 지구상의 모든 생물은 사는 곳, 먹이, 무리, 적, 이 밖에 기상 조건에 영향을 받는다.

🔻 오스트레일리아날메뚜기 떼—목장의 목초나 농작물을 송두리째 갉아먹는 무서운 해충이다.

🔴 아프리카 메뚜기 떼—수천 만 마리가 떼지어 이동하면서 곡식 등을 먹어 치워 공포의 대상이 되기도 한다.

따라서, 모든 생물은 이러한 것들을 교묘히 이용하며 살아가는 존재들이라고 말할 수 있다.

그런데 여러분은 열대 지방인 인도나 아프리카 등지에서 메뚜기 떼가 습격하여 농작물을 비롯한 각종 식물이 순식간에 메뚜기 밥이 되어 버렸다는 이야기를 들은 적이 있을 것이다.

그러나 이러한 일은 매년 일어나는 것이 아니라 수년에 한 번씩 일어난다고 한다. 그런 메뚜기 떼는 보통 때는 나타나지 않는다고 한다. 그러면 다음 해에는 어째서 메뚜기 떼가 나타나지 않는 것일까? 이러한 사실을 처음으로 해명한 사람은 우바로프라고 하는 곤충학자이다.

아프리카에 사는 사막메뚜기의 경우, 평년에 나타나는 것은 몸 전체가 둥글고, 날개가 짧고, 앞가슴 쪽의 등 부분도 둥글게 되어 있다. 그러나 대발생을 했을 때는 몸이 모져 있고, 날개가 길며, 앞가슴 쪽의 등 부분이 평평한 위에 짙은 갈색이 나타나 마치 다른 종류처럼 변해 버린다. 이러한 변화는 우리 나라의 풀무치에서도 생긴다.

 같은 암컷이 낳은 알을 높은 온도와 낮은 습도에서 더욱이 애벌레 시절에 밀도가 높은 곳에서 기르면 모두 다 흑갈색이 되며, 날개가 길고 앞가슴 쪽의 등 부분이 평평한 어른벌레로 된다. 또, 비교적 낮은 온도와 습도가 높은 곳에서 밀도를 낮게 하여 기르면 몸 전체가 둥글고, 더욱이 앞가슴의 등 부분이 둥근 녹색 메뚜기로 된다.

 요컨대, 애벌레 시절의 환경에 따라 어른벌레의 모양이나 색깔이 바뀌는 것이다. 가까이에 같은 무리가 있으면 눈으로 보거나 서로 닿거나 냄새가 강해져서 몸 속의 호르몬 분비가 달라지기 때문에 이러한 결과로 된다고 한다.

● 곤충은 왜 울까?

 방울벌레나 등불베짱이는 무엇 때문에 우는 것일까?
 달이 밝기 때문인 것도 아니고, 사람에게 들려 주려는 것도 아니다. 소리는 상대에게 무엇인가를 전하려는 일종의 의사 전달 수단인 것이다. 그것은 한 종류라도 울음소리가 여러 가지 있는 점으로도 쉽게 짐작할 수 있다.

 ❶ 유혹할 때의 울음소리 : 암컷이 가까이 있을 때 자기의 존재를 알려서 유혹하기 위해 우는 것이다.
 ❷ 싸울 때의 울음소리 : 날카로운 소리로, 수컷끼리 부딪쳐

싸울 때 심하게 소리를 낸다.

❸ **외로움을 달래는 울음소리** : 가까이에 같은 종류가 없을 때, 자기의 세력권을 주장하기 위해 우는 것이다. 방울벌레 등의 울음소리는 한없이 외롭게 들린다.

이상의 3가지 울음소리는 누구라도 주의해 들으면 쉽게 구별할 수 있다. 이 밖에 지저귐이나 승리의 기쁨을 나타내는 울음소리도 있다.

곤충의 울음소리는 여러분도 잘 아는 바와 같이 앞날개를 비벼, 날개의 줄기 위에 늘어서 있는 줄(돌기)을 다른 날개의 딱딱한 부분으로 마찰해서 내는 것이다.

그러면 줄은 어디에 있을까?

🔺 귀뚜라미는 좌우의 앞날개 두 장을 포개어 서로 비벼서 소리를 낸다.

🔴 방울벌레는 앞날개 안에 있는 굵은 줄과 왼쪽 앞날개 겉에 있는 마찰 기관을 비벼서 소리를 낸다.

귀뚜라미과는 오른쪽 날개가 위에 겹쳐지고, 여치과는 왼쪽 날개가 위에 겹쳐져 있으므로 쉽게 구별할 수 있으나, 당연히 줄은 오른쪽 날개의 밑쪽(귀뚜라미과)과 왼쪽 날개의 밑쪽(여치과)에 있다.

그런데 곤충의 울음소리에도 우리들이 듣기 좋은 소리와 귀에 거슬리는 소리가 있다. 이것은 소리의 진동수가 다르기 때문이다. 사람의 귀는 3만 사이클까지 들을 수 있으나 가장 듣기 좋은 소리는 5천 사이클 정도라고 한다.

방울벌레(3,200사이클), 왕귀뚜라미(4,000사이클), 철써기(1,700사이클)의 울음소리는 누구에게나 좋게 들리나, 등불베짱이나 여치는 1만 사이클이 되기 때문에 조금 거슬리게 들린다.

사람의 목소리가 보통 80~120사이클이 되므로, 이들 곤충의 울음소리가 매우 높다는 사실을 알 수 있다.

● 햇볕 쬐기를 하는 나비

 겨울이 되면 곤충들은 보이지 않게 되는데, 그 까닭은 대략 세 가지로 요약된다.

 첫째, 기온이 내려가면 체온이 내려가 움직이지 못한다. 그러므로 이렇게 되기 전에 이미 물체의 틈 사이에 들어가 가만히 있기 때문이다(어른벌레의 겨울나기 종류).

 둘째, 어른벌레는 겨울철에 죽어 버리고 흙 속이나 나무 또는 풀줄기 속에서 알 상태로 겨울을 나기 때문이다.

 셋째, 고치 속에 들어가 애벌레나 번데기 상태로 가만히 있는 것이 많기 때문이다.

 우리 나라에서 서식하는 나비 가운데 어른벌레로 겨울나기를 하는 종류는 약 21종이고, 전체의 약 12퍼센트를 차지한다.

🔴 겨울잠을 자는 달팽이—추운 겨울에는 낙엽 속이나 돌 밑에서 조가비 입구를 꼭 막고 봄이 올 때까지 겨울잠을 잔다.

■메뚜기의 알   ■사마귀의 알

■쐐기나방의 고치   ■호랑나비의 번데기

🔺 **곤충의 겨울나기** — 곤충은 기온에 따라 체온이 변하므로 겨울에는 활동할 수 없다. 종류에 따라 알·유충·번데기·성충으로 겨울을 난다.

  이 가운데 알로 겨울나기를 하는 것은 약 22퍼센트, 애벌레로 겨울나기를 하는 것은 약 44퍼센트, 번데기로 겨울을 나는 것은 약 22퍼센트가 된다고 한다.

  겨울에 보이는 나비에는 어떤 것이 있는지 알아보자. 아마 노랑나비, 청띠신선나비, 남방씨알붐나비 등이 보일 때도 있을 것이다.

  바람이 없는 따뜻한 겨울 오후, 마른 풀 위에 날개를 펴고 앉아 있는 모습이 보일 때도 있다. 유심히 살펴보면 펴고 있

■남방노랑나비
■실잠자리
■장수풍뎅이 애벌레
■잠자리 애벌레
■메뚜기

는 날개가 햇볕이 들어오는 방향을 향하고 있음을 알 수 있다. 이것은 나비가 햇볕쬐기를 하는 것이다.

이 나비들은 기온이 조금이라도 따뜻해지면 숨어 있던 집으로부터 뛰쳐나와 이와 같이 표면적이 넓은 날개를 펴고 태양의 복사열을 조금이라도 더 많이 흡수하려고 한다. 이것은 체온 조절을 하기 위한 행동이다. 그러나 밤이 되어 추위가 심해지면 반대로 날개를 접어 체온이 달아나지 못하도록 한다.

그렇기 때문에 어른벌레로 겨울을 나는 나비는 매일매일 그

날의 온도와 전투를 하지 않으면 안 된다. 만일, 적당히 쉴 장소를 발견하지 못하면 이들은 이내 죽어 버리고 만다.

● 유지매미는 1년생

여름이 되면 도시의 거리에서도 매미의 울음소리를 들을 수 있다. 이들은 소리를 내어 우리들에게 계절을 알려 주는 것이다.

매미는 분류상으로는 멸구나 매미충 무리에 가깝고, 반시목에 속하며, 관과 같은 주둥이로 나무의 진을 빨아먹고 산다.

🔺 매미는 대롱 같은 입을 나무 줄기에 꽂고 수액을 빨아먹는다. 수컷은 가슴과 배 사이에 있는 얇은 막을 통해 소리를 낸다.

🔴 유지매미의 애벌레는 5년 동안 땅 속에서 살다가 6년째 되는 여름에 매미로 태어난다.

우리 나라에는 약 30종의 매미가 있다. 그 중 가장 큰 것이 말매미이고, 가장 작은 것이 애매미이다.

매미의 애벌레가 흙 속에서 오랫동안 생활한다는 사실은 여러분도 알고 있을 것이다. 그런데 미국에서는 17년 만에 어른벌레로 되는 매미도 있다고 한다.

유지매미의 한살이에 대해 살펴보자.

더운 한여름이면 수매미는 요란스러운 울음소리를 내어 암매미를 유혹한다. 짝짓기가 끝나면 암컷은 마른 나뭇가지에 알을 낳는다. 나무 속의 알은 그대로 겨울을 나고 이듬해 6월

🔴 매미의 애벌레는 밤중에 나무 줄기를 타고 올라와 나뭇가지에 매달려 등이 갈라지면서 탈피를 한다.

하순경에 부화한다. 알 상태의 기간이 10개월 간이나 지속되는 것에는 참매미·말매미·깽깽매미 등이 있다.

알에서 부화된 애벌레는 몸의 길이가 약 2밀리미터인데, 이것은 바로 나뭇가지로부터 내려와 땅 속으로 들어간다.

애벌레는 나무뿌리의 진을 빨아먹고 자라서 탈피한다. 부화하고서부터 4년째에 5령이 되며, 몸의 길이도 3센티미터로 자란다. 이리하여 다시 1년 동안 땅 속 생활을 보내고서 이듬해 여름 땅 위로 모습을 나타낸 다음 최후의 탈피를 마치면 어른벌레가 된다.

알의 기간을 합치면 만 6년, 즉 7년째의 여름에 겨우 어른벌레로 되는 것이다. 이 동안 개미나 두더지, 땅강아지, 그 밖의 여러 가지 땅 속 박테리아와 투쟁하지 않으면 안 된다. 그러므로 부화한 애벌레 중에서도 거의 얼마 되지 않는 일부만이 어른벌레로 되는 것이다. 이것은 사람으로 치면 초등 학교 1년생에 해당하는 나이이다.

● 소금쟁이가 물에 뜨는 까닭

수면에 길다란 발을 쭉 뻗고 상쾌하게 떠다니는 소금쟁이가 있다. 이 소금쟁이는 어떻게 해서 이렇게 떠다니는 것일까? 몸이 가볍기 때문이라고 생각하는 사람이 많을 것이다. 물론

🔴 소금쟁이는 다리에 난 털 사이에서 기름 같은 물질이 나오기 때문에 물 위를 잘 떠다닌다.

몸이 큰 왕소금쟁이도 몸무게는 불과 2밀리그램밖에 되지 않는다. 그러나 가볍다고 해서 물에 잘 뜨는 것은 아니다.

소금쟁이가 물에 떠다니는 모양을 잘 살펴보면 발이 물에 닿는 부분이 약간 들어가 있다. 따라서, 수면에 옆으로 놓여 있는 발 끝이 물의 표면 장력을 흩뜨리지 않기 때문에 몸을 잘 떠받치고 있는 것이다.

또, 발 끝을 돋보기로 살펴보면 전체적으로 가는 털이 많이 나 있다. 이 털은 발이 수면에 닿을 때 털과 수면 사이에 작은 공기 방울을 만들기 때문에 떠 있을 수 있는 것이다.

또 한 가지는 털 사이에서 일종의 기름이 나와 있는 것도 소금쟁이가 물에 떠 있는 데 한 몫을 한다. 기름이 공기 방울을 쉽게 만들 수 있게 하기 때문이다.

그러나 수면을 이동할 때에는 다리를 움직이지 않으면 안 된다. 보통 곤충의 발 끝에는 발톱이 있어서 이것으로 다리를 고정시키지만, 소금쟁이는 이 발톱이 끝으로부터 약간 안쪽으로 굽어 있다. 그러므로 다리를 움직여도 발톱이 수면을 흩뜨리는 작용을 하지 않는다.

● 우담화

간혹 전등의 갓 등에 푸른 빛이 도는 깨알처럼 작은 알갱이가 실 끝에 30개 정도 뭉쳐서 붙어 있는 경우가 있다.

이것을 보고 사람들은 아마 큰일이 생길 거라며 놀라거나, 무슨 좋은 일이 생길 징조라면서 기뻐하는 일이 있다. 이것을 사람들은 우담화라고 부른다.

우담화는 3천 년에 한 번 꽃이 핀다는 전설적인 식물이다.

🔴 풀잠자리는 야행성 곤충으로 등불에 모인다. 암컷은 실 같은 가는 자루 끝에 알을 낳는다.

그렇기 때문에, 이것에 비겨 불길한 징조라고 말하는 것이다.

그런데 사실 이것의 정체는 풀잠자리의 알이다. 풀잠자리는 보통 잠자리보다 몸이 작고, 녹색이며 날개는 투명하다.

풀잠자리는 여름 동안 풀밭이나 숲 주변을 날아다니며, 짝짓기를 한 뒤 진딧물이 많이 붙어 있는 식물을 찾아다니면서 그 주변 가까이에 알을 낳는다.

재미나는 일은 알을 낳기 전에 점액을 내면서 배 끝을 위로 올리는 습성이 있고, 여러 번 위아래로 올렸다 내렸다 하면 실에 공기가 닿아서 굳어진다. 그러면 그 끝에 알을 하나씩 낳는데, 이렇게 해서 30개 정도의 소위 말하는 '우담화'가 되는 것이다.

알에서 나온 애벌레는 실을 따라서 잎사귀로 내려와 가까이에 있는 진딧물을 잡아먹으며 성장한다. 그리고 진딧물이 없어지면 이것을 찾기 위해 여기저기 흩어진다.

이처럼 본래는 진딧물이 가까이 있는 곳에 알을 낳지만, 밤이면 등불로 모여드는 습성이 있어서 때로는 전등 갓에 알을 낳는 경우가 발생하여 이 같은 일이 생기는 것이다.

3,000년에 한 번이라는 말은 빈말이고, 풀숲 가까이에 있는 집이라면 매년 집 안에 이 우담화가 핀다고 해도 조금도 이상할 리 없다.

● 알이나 애벌레를 지키는 노린재

집을 짓고 있는 벌이나 개미가 애벌레를 보호하고 기르는 일은 여러분도 잘 알고 있을 것이다.

그러나 잎사귀에 낳은 알을 어미 곤충이 지킨다는 것은 드문 일이다. 그런데 등무늬노린재, 등검은노린재, 분홍다리풀노린재 등 지독한 냄새를 내는 노린재에게는 이러한 습성이 있다.

짝짓기를 한 암컷은 잎사귀 뒤쪽에 알을 30~50개 정도 낳아 덩어리로 해 놓는다. 다른 종류라면 어미는 알을 그대로 놔 두고 가 버리지만 분홍다리풀노린재류는 마치 새가 알을 품는 것처럼 알 위에 몸을 올려놓고 움직이지 않는다.

이 때 잘 살펴보면 어미는 때때로 바늘과 같은 주둥이로 알 사이를 더듬는 짓을 한다. 만일 이런 상태의 어미를 발견하면 가지를 가위로 잘라 내어도 이 어미는 알에서 떨어져 나가지 않으므로 그대로 집으로 가져올 수 있다.

조금 지나면 애벌레가 부화되어 나오는데, 애벌레도 좀처럼 움직이지 않고 흩어지지도 않는다. 물론 어미벌레는 언제나 애벌레를 보호하려고 위쪽에 앉아 있다.

 그런데 우리들이 나뭇가지 가까이로 가면 그 쪽으로 등쪽을 향하게 해서 새끼를 보호하려는 자세를 취한다. 또 가까이 다른 벌레가 다가오면 갑자기 날개를 펼치는 행동을 한다. 그 모양은 마치 새가 새끼를 외적으로부터 지키기 위한 행위와 비슷하다. 이렇게 해서 어미벌레는 애벌레가 3령이 될 때까지 새끼의 곁을 떠나지 않는다.

 곤충은 인간이나 새와는 전혀 다른 생활을 하는 동물이다. 그리고 대부분의 종류는 어미로부터 보호받지 않고 스스로 애써 가면서 자라지만, 이 노린재는 짐승이나 새와 같이 새끼를 지키는 습성이 있는 것이다.

🔺 **새끼를 돌보는 노린재**—고약한 냄새가 나는 노린재는 식물의 즙을 빨아먹는 해충이나 새끼를 보호하는 습성이 있다.

그러나 이것을 어미의 애정, 즉 모성애라고 말할 수 있는지는 알 수 없다.

● 땅 위의 사냥꾼, 길앞잡이

길앞잡이라고 하면 독벌레인가 하고 묻는 사람이 있으나 대개는 독이 없는 벌레이다. 그런데 여러분은 속칭 '부추벌레'라고 하는 것을 알고 있는가?

농가의 약간 굳은 마당에 구멍이 있어서 여기에 부추잎을 넣어 벌레를 낚아 올리는 놀이를 한 일이 있을 것이다.

이것을 자세히 보면 검은 뚜껑과 같은 것이 구멍 아래로부터 올라왔다가 눈 깜짝할 사이에 구멍 속으로 다시 들어가 버린다. 사실은 이것이 길앞잡이 애벌레이다.

평평하게 되어 있는 길앞잡이의 머리에는 6쌍의 홑눈이 있다. 길앞잡이는 구멍의 입구에서 주위를 살펴보다 가까이 오는 벌레가 있으면 낚아채는 것이다.

또 하나 재미나는 일은 배의 다섯째 마디에 해당하는 등 쪽에 위로 굽어진 돌기가 있는데, 이것은 터널과 같은 구멍 벽에 자기 몸을 걸어놓는 구실을 한다. 그리하여 위험이 다가오거나 먹이를 잡으면 이 돌기를 늦추어 단번에 구멍 아래로 내려가게 되는 것이다.

먹이는 지면을 기어다니는 애벌레나 개미 등을 잡아먹는데, 이를 재빠르게 잡는 광경은 과연 장관이다. 이렇게 해서 자라는 길앞잡이는 어미가 되어도 그 식성은 변하지 않는다.

어른벌레는 큰 겹눈과 송곳니 비슷한 큰턱을 가지고 있으며, 긴 다리로 땅 위를 재빠르게 돌아다닌다.

🔴 개미를 잡아먹는 길앞잡이—애벌레는 땅에 구멍을 파고 있다가 구멍 입구 근처를 지나는 곤충을 잡아먹는다.

🔴 벌레를 잡아먹는 길앞잡이 애벌레—애벌레들이 땅에 구멍을 파고 먹이를 기다리고 있다.

영어로 타이거 비틀이라고 하지만 돋보기를 이용하여 얼굴을 보면 교묘히 붙어 있는 것이 탄복할 만하다. 실지로 자기 몸의 세 배나 되는 애벌레에 달려들어 큰턱으로 집어서 살을 먹는 모양은 흡사 타이거(호랑이)에 비길 만하다.

이 길앞잡이는 잘 알려지지 않은 벌레이지만, 사실은 우리들에게 많은 해를 끼치는 해충을 잡아먹는 익충이다.

● 장수풍뎅이의 생활

우리들에게 가장 인기 있는 곤충은 뭐니뭐니 해도 장수풍뎅이일 것이다. 갑충 중에서 가장 크며, 힘세고 멋진 뿔을 가지고 있어서 마치 늠름한 장수 같다.

장수풍뎅이가 많이 살고 있는 곳은 상수리나무나 졸참나무가 무성한 숲 속이다.

🔺 상수리나무에서 수액을 빨아먹는 장수풍뎅이

🔴 알을 낳는 장수풍뎅이─암컷이 낙엽이 쌓인 부엽토를 헤치고 속에다 알을 낳고 있다.

 짝짓기를 끝낸 암컷은 부엽토 속으로 파고 들어가 알을 낳는다. 알은 지름이 3밀리미터 정도 되는 하얀 공 같지만 날이 지남에 따라 차츰 커져서 누런 색깔을 띤다. 크게 된다는 것은 속에서 애벌레의 몸이 되어 온다는 것이다. 그리고 엷은 알의 막을 통해서 흙에서 수분을 흡수하기 때문에 색깔도 차츰 누렇게 되는 것이다.
 약 2주일 가량 되면 1령의 애벌레가 나오게 된다. 몸을 둥글게 웅크리고 있는 이 애벌레는 부엽토가 먹이도 되고 또 사는 집이 된다. 더욱이 부엽토는 발효를 하기 때문에 겨울에도 따뜻해서 애벌레가 무럭무럭 자라기에 안성맞춤이다.
 1령과 2령의 기간은 1주일 정도 되며, 여름의 끝 무렵이 되면 3령이 된다. 이 3령의 기간은 이듬해 6월까지 약 10개월이

나 계속된다.

　이 때 애벌레의 몸의 길이는 약 10센티미터 이상이 되며, 부엽토 밑으로 파고들어가 세로로 길다란 방을 만든다.

　여기서 탈피하면 번데기로 변한다. 이 방을 만드는 방법은 매우 교묘한 것인데 둥근 몸을 흙손으로 해서 주둥이에서 액체를 내어 마치 벽을 바르는 것처럼 한다.

　번데기가 되기 전의 기간이 약 1주일 정도 되고, 번데기로 되고서 약 10일 정도 지나면 어른벌레로 된다.

　애벌레의 먹이로 가장 좋은 것은 잡목림 밑의 부엽토이고, 대용으로는 활엽수나 대나무 톱밥도 좋다. 이 톱밥은 어느 정도 시간이 지나 발효한 것이 좋다. 이 밖의 것은 애벌레에게 해로운 박테리아가 번식하거나 부패하여 좋지 않다.

● **벌레의 힘겨루기**

　힘겨루기라 하지만 장수풍뎅이와 톱사슴벌레를 싸움 붙인 것인데 진짜의 힘겨루기라고는 할 수 없다. 곤충이 자발적으로 다른 동물과 투쟁해야만 힘겨루기가 되기 때문이다.

　장소는 졸참나무나 상수리나무의 둥치에 나와 있는 수액의 주변이고, 시기는 더운 한여름이다.

　나무의 즙이 공기에 닿아 발효를 하여 달콤한 즙으로 변한 수액은 곤충들이 즐겨 먹는 먹이가 된다.

　이러한 먹이가 있는 곳에는 개미나 파리는 물론 벌이나 나비, 그 밖에 여러 가지 곤충이 모여든다. 수액이 나오는 장소가 좁아서 모여든 곤충들이 모두 다 함께 먹을 수는 없다. 따라서 실력으로 투쟁하는 광경이 벌어지게 되는 것이다.

🔴 사슴벌레와 싸우는 장수풍뎅이—수액을 차지하기 위해 힘이 센 장수풍뎅이가 큰턱으로 사슴벌레를 물리치고 있다.

풍뎅이는 뿔과 같은 무기는 없으나 머리가 사각으로 되어 있어서 상대를 아래에서 위로 들어 올린다. 만일 이 곳에 점박이풍뎅이나 쇠바더리가 다가와도 겁내지 않는다. 그러나 톱사슴벌레의 큰턱에는 대적할 수 없어서 밀려나고 만다. 그렇다면 이 곳에 큰 장수말벌이 찾아오면 어떻게 될까?

장수말벌은 상대를 물어뜯고 재빠르게 날아 반대 쪽으로부터 공격해 들어오기 때문에 사슴벌레는 마침내 달아날 수밖에 없다. 만일 톱사슴벌레가 이긴다고 해도 장수풍뎅이가 다가오면 역시 장소를 양보해 주지 않으면 안 된다. 다리의 힘이 세고, 그 큰 뿔을 이용하여 밀어 내거나, 몸을 아래로부터 떠올리거나 하므로 견딜 수 없게 된다. 이렇게 해서 이 장소의 왕자는 역시 장수풍뎅이가 되는 것이다.

🔻 **수액을 빨아먹는 곤충들**—수액은 곤충들의 맛있는 먹이이므로 서로 먼저 차지하려고 싸움이 벌어지기도 한다.

재미나는 일은 나비나 파리와 같이 힘도 약하고 별다른 무기라고 할 만한 것이 없는 종류는, 상대의 몸을 건드리지 않는 한 함께 어울려 즙을 빨아먹는다는 사실이다.

● 행복의 곤충, 무당벌레

무당벌레는 둥글고 예쁜 모양을 하고 있어 사람들에게 친근한 느낌을 준다. 유럽에서는 '행복의 곤충'이라 불리며 '하느님의 사자'라고도 전해지고 있다. 또, 죄 없는 자를 구제해 주었다는 이야기도 있다. 그리고 프랑스의 유명한 곤충학자인 파브르의 관에 앉아서 축복을 해 주었다는 희한한 이야기도 전해오고 있다.

그러면 어떻게 해서 이 무당벌레를 그처럼 행복의 상징으로 여기게 된 것일까? 그것은 단지 모양이 예쁜 때문만이 아니다. 무당벌레가 열심히 진딧물을 잡아먹는 익충이란 것은 농사일을 하는 사람이라면 누구나 다 아는 사실이다.

무당벌레의 등에 있는 별의 수가 여러 가지여서 어느 것이 어떤 종류인가를 구별하지 못하는 사람도 있다. 7개의 별을 가진 칠성무당벌레, 2개의 별을 가진 홍점박이무당벌레는 각각 독립된 별개의 종류이다. 그런데 소위 무당벌레라고 하는 한 종류에도 별의 수가 여러 가지 있어서 혼동하기 쉽다.

무당벌레는 쑥·평지꽃·보리와 같이 진딧물이 끼는 풀에는 물론이고, 단풍나무·복숭아나무·벚나무 등의 수목에까지 붙어 있다.

무당벌레는 어른벌레로 겨울을 나고 4월 말경부터 알을 낳는다. 4일쯤 지나 부화한 애벌레는 진딧물을 계속 잡아먹는데,

🔺 **무당벌레**—육식성으로 진딧물을 잡아먹고 사는 익충이다.

애벌레 시절의 약 20일 동안 진딧물을 무려 5천 마리나 잡아먹는다고 한다. 어른벌레가 되어서도 계속 진딧물을 잡아먹는데 그 동안 무려 7천 마리 정도를 잡아먹는다고 한다(어른벌레의 기간은 여름의 약 50일 정도).

 인간은 해충을 없애기 위해 농약을 뿌렸다. 그런데 이 농약이 해충을 잡아먹는 익충까지도 모조리 죽여 버렸으니 정말 안타까운 일이 아닐 수 없다.

 무당벌레는 진딧물을 없애는 자연의 훌륭한 농약이다. 그러니까 무당벌레는 행복의 곤충이라고 불러 주어도 절대로 공치사가 되지 않을 만큼 인간에게는 유익한 곤충인 것이다.

● 똥을 먹는 뿔풍뎅이

파브르의 〈곤충기〉 속에는 똥을 굴리는 쇠똥구리의 생활이 잘 설명되어 있다. 이 쇠똥구리처럼 짐승의 똥에 모여 이것을 먹고 사는 갑충에는 풍뎅이과에 속하는 뿔풍뎅이를 비롯하여 풍뎅이붙이·점박이긴다리풍뎅이 등이 있다. 물론 그 중에는 수액에도 모이는 종류가 있기는 하다.

뿔풍뎅이는 산지에 많이 살며, 여름에는 목장 등지에서 쉽게 볼 수 있다. 저녁 무렵에 쇠똥 가까이에 잠시 머물러 있으면 이 뿔풍뎅이가 날개치는 소리를 내면서 모여든다. 그러나 오래 된 똥에는 모여들지 않는다.

▲ 쇠똥덩이를 뒷발로 굴려 운반해 가는 쇠똥구리

그런가 하면 갓 배설한 김이 나는 똥에도 날아오지 않는다. 하루쯤 지난 것에 모여드는 것 같다.

일단 모여든 쇠똥구리는 산더미와 같은 똥에 앉은 다음 속으로 파고들어간다. 머리의 가장자리(전)가 평평하게 되어 있어서 마치 삽을 사용하는 것처럼 똥을 파 헤친다.

수컷은 머리에 수직으로 뿔이 나 있어서 더욱 빨리 파고들어간다. 속으로 들어간 어른벌레는 앞발로 똥을 누르면서 먹는다. 짝짓기를 마친 암컷은 재빨리 알을 낳기 위한 준비를 한다.

똥 밑의 지면에 터널을 뚫고 약 30센티미터 정도 들어간 곳에 주먹만한 크기의 방을 만든다. 그런 다음 방의 위쪽에 있는 똥을 조금씩 운반하여 깨끗한 경단을 3개 정도 만들고, 그

🔺 쇠똥구리 암컷은 지하의 똥덩이 속에 알을 낳는다.

속에 알을 한 개씩 낳는다. 그리고 어미는 잠시 동안 이 똥의 경단 위에 앉아서 알을 지키듯 가만히 있다.

똥 밑 흙 속에서 일어나는 일이므로 파헤쳐 보지 않으면 볼 수 없는 재미나는 곤충의 생태이다.

● 물에 사는 물방개와 물땡땡이

물방개와 물땡땡이는 물 속에 사는 수서 곤충이다. 한 마디로 수서 곤충이라고 해도 그 종류에는 여러 가지가 있다. 수면에 사는 소금쟁이나 송장헤엄치개의 무리와 물 속에서 가만히 있는 물장군·장구애비·게아재비 등은 반시목에 속한다. 하지만 물무당·물방개·물땡땡이는 갑충목에 속한다. 따라서, 몸의 생김새나 움직이는 모양은 매우 다르다.

그러나 수중 생활을 하는 수서 곤충의 대부분은 육식성이란 공통점을 가지고 있다. 상대를 잡아 씹어 먹는 것이 있는가 하면 피를 빨아먹는 것이 있다. 어느 것이나 포식을 하는 것이다.

여러분은 갑충류인 물방개와 물땡땡이가 헤엄치는 모양을 비교해 본 일이 있는가?

물방개는 뒷다리가 크고, 더욱이 털이 나 있으며, 똑바로 나아갈 때는 좌우의 다리를 동시에 움직여 마치 보트의 노처럼 물살을 가르며 세차게 나아간다. 몸도 유선형이어서 물의 저항을 적게 받아 재빠르게 움직인다.

그러나 물땡땡이는 다르다. 6개의 다리를 번갈아 움직이는데 마치 걷는 동작을 하듯 개 헤엄을 친다. 따라서 스피드를 내지는 못한다.

🔺 물땡땡이의 알

🔺 물땡땡이—못이나 늪, 논 등에서 살고 배면에 잔털이 있으며 이것에 공기를 달아 공기 호흡을 한다.

또 하나 호흡 방법에 대해서 비교해 보자.

물방개는 곧잘 수면으로 떠올라 꽁지의 끝을 물 밖으로 내민다. 그대로 물 속으로 들어갈 때는 앞쪽에 공기 방울을 달고 있다. 이것은 단단한 앞발과 몸 사이의 틈에 공기를 담아 넣은 것이다.

물땡땡이에도 날개 밑에 공기를 담아 놓는 틈이 있으며, 몸 밑에 나 있는 가는 털에도 공기를 달고 있는데, 이것 역시 공기 호흡을 하는 것이다. 그리고 번데기를 못가 언덕에 두는 점으로 보아서 본디는 육상에서 생활했던 것이 먹이를 얻기 위해 물 속에서 생활하게 된 것이 아닌가 생각된다.

● 물맴이의 비밀

수면을 빙빙 도는 물맴이! 물맴이는 무엇 때문에 그렇게 도는 것일까?

물맴이의 어른벌레는 수면에 떨어진 작은 곤충을 잡아먹고 산다. 그러므로 수면에 떠 있는 먹이를 찾기 위해서 그렇게 물 위를 돌고 있는 것이다.

그러면 어떻게 해서 그렇게 빨리 헤엄칠 수 있는지 생김새에 대해 알아보자.

🔺 물맴이는 헤엄치면서 물 위에 떨어진 곤충을 잡아먹는다.

⬅ 물맴이의 알

물맴이를 기르는 수조에 거울을 45도 정도 기울여 넣으면 다리의 움직임을 쉽게 관찰할 수 있다.

앞발이 길기는 하나 헤엄칠 때에는 몸에 착 붙이고 있거나 앞으로 늘어뜨려 거의 움직이지 않는다. 심하게 움직이는 것은 중간다리와 뒷다리이다. 양쪽 다 짧고 더욱이 평평해서 마치 배의 스크루의 날개처럼 보인다. 물맴이는 이것을 빙빙 돌려 물을 재빨리 뒤쪽으로 보내는 것이다.

이것으로 알 수 있는 바와 같이 물맴이는 살아 있는 스크루인 것이다. 이처럼 물맴이는 4개의 다리의 각도를 바꾸거나 좌우의 회전 속도를 바꾸어 가며 물 위를 돌고 있는 것이다.

어떤 이는 물맴이의 눈이 4개 있다고 말하기도 하는데, 겹눈은 2개뿐이다. 각각의 겹눈은 아래위로 길게 되어 있고, 둘레의 딱딱한 피부가 복판에서 비틀어져 있기 때문에 얼핏 보면 4개로 되어 있는 것처럼 보일 따름이다.

더욱이 편리한 점은, 수면이 이 눈의 중간 부분에 있기 때문에 물 위와 물 속을 동시에 볼 수 있는 것이다. 이렇게 해서 물맴이는 주위를 잘 살피면서 재빨리 헤엄치는 것이다.

● 여인숙의 하녀, 물자라

이른 봄 얕은 물 속에서 마치 쌀알갱이와 같은 덩어리를 등에 지고 움직이는 딱정벌레를 본 일이 있을 것이다. 이것이 물자라이다.

물자라는 갈색의 몸을 한 평평한 곤충이다. 주변의 색깔과 몸색깔이 비슷하여 다른 동물의 눈에 잘 띄지 않는다.

어른벌레는 물 밖으로 나와 습한 흙 속에서 겨울을 난다. 봄이 되면 다시 물로 되돌아가 실지렁이나 올챙이를 잡아 피를 빨아먹고 살며 이내 짝짓기를 한다.

대개의 곤충은 짝짓기를 마치면 서로 헤어져 버리지만 이 물자라는 그렇지 않다. 조금 몸이 큰 암컷은 수컷의 등(앞날개) 위에 뒤쪽으로부터 차례로 알을 낳는다. 이 동안 수컷은 움직이지 않고 조용히 기다려 준다.

이렇게 해서 약 50개 정도의 알을 짊어진 수컷은 움직이는 데는 불편이 없으나 날개를 펼 수 없다. 그러므로 날지 못하고 그저 물 속에서만 생활한다.

흰 알이 눈에 띄기는 하지만 재빠르게 헤엄쳐 다니고, 잘 숨

🔴 등에 알을 짊어지고 있는 수컷 물자라―암컷이 등에 알을 낳는 동안 수컷은 움직이지 않고 기다려 준다.

는다. 이렇게 해서 2주 정도 되면 애벌레로 부화된다. 이 때가 되면 수컷은 재미나는 행동을 한다. 즉 얕은 곳으로 찾아와 등 쪽의 알을 반 정도 수면 위로 내어 놓고 몸을 상하로 움직인다.

무엇 때문인지는 알 수 없는 일이지만 이 동작은 이내 알이 부화된다는 것을 알리는 신호이다. 이렇게 해서 알은 마침내 애벌레로 된다.

이 애벌레는 물 속에서 헤엄쳐 다니며 어른벌레와 같은 생활을 시작한다. 그런데 이 애벌레가 헤엄치기 시작하는 순간 수컷이 새끼를 잡아먹어 버리는 일이 간혹 일어난다고 한다.

● 반딧불이는 어디에 있는가

예부터 우리와 친근했던 곤충들이 요즘 들어 많이 보이지 않게 되었다. 반딧불이는 그 대표적인 예에 속하는 곤충이다.

그러면 왜 반딧불이와 같은 곤충들이 없어져 버렸을까? 그것은 반딧불이의 생활사를 더듬어 보면 이내 알 수 있다. 반딧불이는 약 9개월 동안 애벌레 상태로 수중 생활을 하는 곤충이다. 그러므로 물의 성질 즉 물의 오염 상태에 직접적인 영향을 받는다. 반딧불이가 많이 있는 곳의 물을 조사해 보면 다음과 같은 조건이 갖추어져 있음을 알 수 있다.

첫째, 물은 약 알칼리성(PH 7.3)이다.

둘째, 물에 산소가 많이 녹아져 있다. 따라서 계곡과 같이 물거품이 일며 떨어지는 장소가 대부분이며, 물깊이는 거의 50센티미터 이내이다.

셋째, 수온은 섭씨 25도 정도 되고, 언제나 물이 흐르는 곳이다.

🔶 반딧불은 맑은 물이 흐르는 숲에 살고 빛을 내는 것은 암컷과 수컷이 서로 먹이를 부르는 신호이다.

넷째, 물에 칼슘이온이 많이 들어 있다.

그런데 오늘날에는 농약이 대량으로 사용되어 수질이 형편없이 나빠져 반딧불이를 찾아보기가 매우 힘들게 되어 버렸다. 이것은 애벌레의 먹이가 되는 대사리(권패의 일종)에도 해당되는 일이다.

우리가 가정에서 무심코 사용하는 합성 세제도 같은 작용을 한다. 그래서 우리들은 무의식 중에 반딧불이를 없애 버린 결과가 된 것이다. 그리고 냇가의 콘크리트벽 역시 반딧불이 애벌레나 번데기가 사는 장소를 없애 버린 요인이 되었다.

● 반딧불이는 어떻게 비치는가

몸 속에 발광 장치를 가지고 있는 곤충은 그리 많지 않다. 반딧불이는 발광 장치를 가진 대표적인 종류이다.

어떤 구조로 빛을 내는가는 아직 확실히 알지 못하고 있다. 배 앞쪽의 둘째마디(수컷)와 뒤쪽의 둘째마디(암컷)에 발광 세포가 있으며, 표면은 투명하게 되어 있다.

세포 사이에는 모세 혈관으로 보이는 기관이 있어서 발광 세포에 산소를 보내고 있다.

대충 설명하면 세포 속에는 루시페린이라는 물질이 있고, 이것에 루시페라제라는 효소가 산소의 작용으로 합해지면 빛을 낸다. 그런데 알 수 없는 일은 이 때 마그네슘이나 망간에 아데노신3인산이라는 물질이 없으면 빛이 비치지 않는다는

🔺 빛을 내는 반딧불이의 애벌레—반딧불이는 알에서부터 애벌레, 어른벌레가 되도록 평생 동안 빛을 낸다.

사실이다.

 이 빛은 일종의 연소 반응이기 때문에 열은 거의 없고 대부분이 빛으로 되어 있다.

 그러면 이 빛은 대체 어떤 목적으로 비치는 것일까? 이 문제는 실지로 비치고 있는 상태를 잘 관찰하면 명확히 알 수 있다.

 수컷은 5초에 1회씩 빛을 내면서 냇가 위를 날아다닌다. 이에 비해 암컷은 10초 정도에 1회씩 빛을 내는데, 그리 활발히 날지 않으며 냇가 풀에 앉아 있는 일이 많다.

 이 빛의 템포의 다르기가 자기의 성(암컷 또는 수컷)을 상대에게 알리는 신호로 쓰인다. 이 빛을 보고 수컷이 암컷에 모여들게 되며, 먼저 찾아온 것이 암컷을 차지해 짝짓기를 한다.

 해가 진 뒤 활동하는 성질은 모기와 같지만 모기가 냄새를 내어 상대를 유인하는 것과는 달리, 반딧불이는 빛을 신호로 상대에게 자신을 알리고 있는 것이다.

 그러면 어째서 알, 애벌레, 번데기 때에도 빛을 내는가 하고 반문하는 사람이 있을 것이다. 그것은 반딧불이가 어른벌레로 되었을 때 갑자기 빛을 내는 것이 아니라, 알일 때부터 빛을 내는 물질을 몸 속에 가지고 있기 때문이다. 따라서 번데기 때 비치는 빛은 신호로서의 뜻이 아닌 단순한 생리 현상이라고 할 수 있다.

● 요람을 만드는 거위벌레

 숲에 들어갔을 때 간혹 떨기나무의 잎이 원통형으로 말려져 있는 것을 본 적이 있을 것이다.

🔻 잎을 말아서 그 속에 낳아 놓은 거위벌레의 알

🔻 거위벌레―밤나무나 상수리나무 등의 잎을 말아서 그 속에 알을 낳으면 알에서 깬 애벌레는 잎을 먹으며 자란다.

　거위벌레에도 여러 가지 종류가 있어서 집을 만드는 식물의 종류도 제각기 다르다. 우리가 주변에서 흔히 보는 거위벌레는 밤나무 잎을 돌돌 마는 거위벌레와, 장미나 등나무의 잎을 마는 거위벌레 무리이다.
　짝짓기를 마친 거위벌레의 암컷은 미리 정해 놓은 잎에 날아와 앞의 끝 쪽 가까이에 앉아 좌우를 자르고 주맥만을 반 정도 입에 물고 가만히 있는다. 이것은 주맥 속의 물관만을 잘라 끝 쪽으로 물이 통하지 않도록 하기 위한 행동이다.
　이내 잎이 말라 버리면 다리로 잎을 누르고 앞쪽에서부터 잎을 감아 올라간다. 시들어진 주맥의 곳곳에 입으로 물어 놓은 곳이 있으므로 6개의 다리를 교묘하게 사용하여 감아 올리고, 곳곳을 입으로 씹어서 풀리지 않도록 한다.

3회 정도 감아 올린 다음 길다란 머리에 있는 작은 입으로 구멍을 뚫고 이 곳에 배를 넣고 알을 낳는다.

산란을 마치면 다시 잎을 위로 감아 올리고, 마지막으로 정성들여 가장자리를 끌어당겨 입으로 씹어서 고정시켜 놓는다.

거위벌레의 경우에는 이러한 일이 끝나면 매달려 있던 주맥을 물어 끊어 지면에 떨어뜨리지만, 그 무리의 일종은 그대로 두고 다른 곳으로 날아가 버린다.

🔴 나뭇잎의 위를 일자로 자르고 끝을 접어 산란을 한 후 다시 잎사귀를 돌돌 감는다.

잎 속의 알은 5일 정도 되면 애벌레로 부화되어 주위를 둘러싸고 있는 잎을 갉아 먹고 약 2주일 가량 산다.

이렇게 해서 번데기가 되고 이윽고 허물을 벗은 다음 세상 밖으로 나오게 된다. 이 요람은 어미벌레가 애벌레를 기르기 위해 만든 보금자리가 될 뿐만 아니라 애벌레의 먹이도 되는 것이다.

● **밤 속에 들어 있는 애벌레**

밤 껍질을 벗기다 뜻밖에 속에서 애벌레가 나와 기분이 상했던 경험이 누구나 한두 번 있었을 것이다.

🔺 검정꿀꿀이바구미는 긴 주둥이를 밤송이에 찔러 구멍을 뚫은 다음 산란관을 꽂아서 밤 속에 알을 낳는다.

이 밤 속의 애벌레는 검정꿀꿀이바구미라고 하는 딱정벌레의 애벌레로, 그 생활사는 다음과 같다.

7월쯤 아직 밤송이가 채 영글지 않았을 때 어른벌레가 날아온다. 이 벌레는 마치 도요새와 같은 길다란 주둥이를 가지고 있는데 가시 산 같은 밤송이 위를 걸어다니면서 가시 사이사이에 주둥이를 찔러 구멍을 뚫는다.

구멍이 뚫어지면 몸을 반대로 돌려 속에다 알을 낳는다. 여기서 부화된 작은 애벌레는 아직 연한 밤 속으로 파고 들어가 밤을 먹으면서 자란다. 그러나 시간이 흐름에 따라 밤도 함께 커 가기 때문에 마침내 구멍은 감쪽같이 메꾸어져 버린다.

가을철이 되면 밤 속의 애벌레는 큰 구멍을 뚫고 세상 밖으로 나온다. 그리고 다시 땅 속으로 기어들어가 겨울을 난 다음, 이듬해 껍질을 벗어 번데기가 되고 초여름이 되면 어른벌레로 된다. 그러므로 생밤을 놓아 두면 구멍을 뚫고 애벌레가 기어 나오는 것을 볼 수 있다.

● **개미집의 생김새**

땅에 뚫려 있는 구멍으로 일개미가 쉴새없이 드나드는 모습을 보고 있으면 도대체 개미집 속은 어떻게 되어 있을까 하고 호기심이 발동할 것이다.

보통 눈에 잘 띄는 왕개미나 곰개미는 입구로부터 비스듬히 굴을 파 여러 갈래의 통로를 만들어 놓고 있다.

땅 속 통로는 돌에 부딪치거나 딱딱한 흙이 있는 곳에서 갈라지는데, 대체로 좌우로 나누어진다. 그리고 굴 속의 곳곳에는 방이 여러 개 만들어져 있다.

🔺 개미집—땅 속에 비스듬히 만들어진 개미집은 여러 갈래의 굴로 되어 곳곳에 방이 만들어져 있다.

굴은 일개미가 만들고, 수가 많으면 많을수록 입구도 많이 만든다. 그러나 대개의 경우는 지면에서 그리 깊지 않은 곳에 약 1미터 정도의 범위로 넓혀져 있다.

그러나 장수개미의 경우는 중심의 굴이 지면으로부터 똑바로 아래로 내려가 있으며, 큰 집일 경우에는 5미터 정도나 된다고 한다.

혹시나 비가 오면 대홍수가 질 것이라고 염려하겠지만 그런 일은 일어나지 않는다. 왜냐 하면 집 주변의 흙은 물기를 잘 흡수할 뿐만 아니라, 굴 속에 공기가 들어차 있기 때문에 물이 들어가지 못하기 때문이다.

또, 개미집을 단면으로 그려 보면 위의 물이 아래로 내려가지 않을 것이라고 생각될 테지만, 실제는 가는 굴을 따라 물이 아래로 내려와서 흙 속으로 스며든다. 그리고 굴 속의 방이나 벽이 물에 젖는 일이 있을 것이라고 생각될 것이나 이러한 일은 거의 일어나지 않는다. 큰 비가 내리면 대개의 경우 물에 떠내려온 흙으로 구멍이 막혀 버리기 때문이다.

● **개미의 가족**

일본왕개미의 가족에 대해서 소개해 보기로 하자. 가족 사회의 중심은 역시 여왕개미이다. 그러나 여왕이라고 해도 임금처럼 기세만 부리고 있는 것이 아니다.

🔴 개미 사회—개미들은 여왕개미를 중심으로 무리를 지어 살며 제각기 맡은 역할에 따라 신분도 다르다.

이들 여왕개미의 몸은 매우 크며, 여름 동안에 열심히 알을 낳는 일을 한다. 말하자면 여왕개미는 식구 전체의 어미라고 할 수 있다.

일개미는 모두 다 아이들이다. 일개미는 암컷이지만 알은 낳지 못한다. 하지만 집을 짓고 먹이를 찾는다든지 애벌레의 시중을 드는 등 집을 발전시키는 원동력이 되는 존재이다.

어떤 집이든 처음에는 결혼 비행(공중 짝짓기)을 마친 젊은 여왕개미 한 마리가 만든다. 여왕개미는 작은 방에서 처음에 알을 20개 정도 낳고, 자기 몸에 저축해 놓은 양분만으로 애벌레를 길러서 최초의 일개미로 만든다.

다음은 이 일개미가 알을 분담하여 집을 차츰 넓히고 이 때

🔻 **결혼 비행 준비를 하는 여왕개미**—하늘에서 짝짓기를 끝낸 수개미는 떨어져 죽고 여왕개미는 땅에 내려와 날개를 떨어뜨리고 땅 속에 들어가 알을 낳는다.

부터 여왕개미는 알을 낳는 일만 한다.

 왕개미의 경우는 3월경에 여왕개미가 수개미가 될 알을 낳고, 일개미가 이를 길러 5월경에는 날개를 가진 수개미가 태어나게 된다. 그런데 이 수개미는 아무 일도 하지 않는다. 먹이를 얻어먹고 하루 종일 집 안에서 우물쭈물 한다.

 이 때 새 여왕이 될 날개 달린 큰 개미도 태어난다. 이렇게 해서 6월경이 되면 저녁 때 수개미와 날개 달린 젊은 여왕개미가 함께 결혼 비행을 위해 하늘로 날아간다.

 결혼 비행을 마친 수개미들은 생활 능력이 없기 때문에 마침내 들에서 그대로 죽어 버린다. 그리고 젊은 여왕개미는 혼자서 다른 곳에 집을 만들어 새로운 가족을 만들 준비를 한다.

● 튼튼한 쌍살벌의 집

 벌도 개미와 함께 막시목에 속하는 곤충으로 대부분 집단으로 살고 있다. 쌍살벌은 처마 밑이나 나뭇가지 등에 집을 짓고 산다.

 초여름에 썩은 나무 둥치 속이나 처마 밑, 또는 나무 껍질 등에서 겨울나기를 한 쌍살벌의 암컷은 혼자서 집을 짓기 시작한다. 지난 해에 짝짓기했기 때문에 수정란을 이내 낳게 된다.

 처음에 하나의 길다란 방을 만들고 이어서 그 주위에 방을 차츰 늘려 나간다. 이렇게 방을 만들어 가면서 각각의 방에 알을 1개씩 낳고 부화한 애벌레에게 직접 먹이를 날라다 입으로 대어 준다.

 이렇게 해서 집은 차츰 커지고, 탄생한 일벌은 어미를 도와 애벌레의 시중을 들거나 먹이를 날아오거나 한다.

그러나 개미와는 달리 여왕벌은 몸이 크지 않아서 얼핏 보면 구별이 잘 되지 않는다. 공통점이 있다면 1개의 집 안에 1가족 만이 살고 있는 점이다.

여러분은 쌍살벌의 집을 떼어 보려고 한 일이 있는가? 아무리 잡아당겨도 잘 떨어지지 않을 것이다.

그것은 썩은 나무 둥치 등의 표면과 딱딱한 나무 줄기를 큰 턱(송곳니)으로 씹은 다음, 여기에 벌 자신의 침을 섞어 엷은 막을 쳐 놓았기 때문이다. 즉 식물의 섬유가 끼어져 있으므로 사람이 만든 창호지와 비슷하게 된 것이다. 따라서 1년 동안의 비바람에도 무난히 견딜 수 있다.

🔺 쌍살벌의 집—나무 조각을 입으로 씹어 펄프로 만들어 침을 섞어 만든다. 여러 개의 나팔을 묶어 놓은 것같이 종이집이 생겼다.

🔶 조롱박벌—땅에 구멍을 파고 있다가 먹이가 오면 재빨리 날아가 먹이를 잡아 땅 속의 집으로 끌고 간다.

● 사냥의 명수, 조롱박벌

　벌 중에는 사냥벌이라고 할 만큼 교묘한 수단으로 먹이를 잡는 벌이 있다.

　곤충학자인 파브르도 나나니벌을 비롯하여 몇 가지 벌에 대한 생태를 자세히 관찰한 바 있다. 여기서는 조롱박벌의 생활을 살펴보기로 하자.

　뜨거운 여름 햇볕을 받고 있는 초원이 그 무대가 된다. 몸이 검고 비교적 큰 이 사냥꾼은 풀 사이의 흙에 구멍을 판다. 그것도 때로는 3개까지 파는 일이 있다. 그러나 진짜의 구멍은 하나이고, 나머지 2개는 자기 몸을 피할 수 있을 정도의 깊이 밖에 되지 않는 가짜 구멍이다.

🔴 **조롱박벌의 알**―땅 속의 집으로 끌고 온 여치의 몸에 알을 낳는다.

　구멍이 완성되면 암컷 벌은 애벌레의 먹이가 되는 매부리나 등불여치의 애벌레를 찾아나간다. 발견되기만 하면 재빨리 날아가 마취 바늘을 찌른다.
　이렇게 해서 기절한 것을 배 밑에 넣어 더듬이의 뿔 부분을 큰턱으로 집고서 먼 곳의 구멍까지 운반한다. 가는 도중에 풀이나 언덕같은 장애물이 있어도 열심히 운반해 간다.
　마침내 구멍에 다달으면 그 먹이를 잠깐 옆에 두고 구멍의 상태를 잘 살펴본 다음, 진짜 구멍으로 들어가 머리를 위로 내민다. 그리고 등불여치의 더듬이를 문 다음 되돌아서서 구멍 속으로 끌고 들어간다.

조롱박벌의 구멍은 땅 속에 거의 수직으로 약 40센티미터 정도 깊이에 있다. 굴 속에는 4개 정도의 방이 만들어져 있으며, 여기에 알을 1개씩 낳는다.

이렇게 새끼를 위해 먹이를 준비해 놓는 어미 조롱박벌의 모습은 정말 훌륭하다 아니할 수 없다.

● 나나니벌의 기묘한 생활

나나니벌은 가슴과 배가 길다랗고 두꺼운 유리를 끌어당겨 놓은 것 같다.

🔴 나나니벌이 땅 속에 구멍을 파고 집 구멍을 막기 위해 돌을 나르고 있다.

9월 초순이 되면 나나니벌의 사냥이 시작된다. 나나니벌이 사냥하는 것은 주로 자벌레이지만 거염벌레 등도 잡아먹는다.

암컷은 농가나 절 가까이에 구멍을 파고 산다. 지면에 몸을 박는 것처럼 해서 주둥이와 앞발을 사용하여 약 3센티미터 정도 아래로 판 다음 방을 하나 만든다.

구멍을 다 파면 돌과 흙으로 단단히 뚜껑을 해 놓은 다음 먹이를 찾으러 떠난다. 먹이를 발견하면 마취침을 찔러 움직이지 못하게 기절시켜서 주둥이로 물어서 집으로 나른다.

이렇게 해서 2~3마리의 자벌레를 잡아오면, 그 위에 알을 낳은 다음 이번에는 구멍을 잘 막아서 보이지 않게 한다.

그런데 2마리의 나나니벌이 같은 곳에서 약 2미터 정도 떨

🔴 나나니벌은 자벌레의 몸에 침을 찔러 마취시킨 후 땅 속 집으로 끌고 들어간다.

🔻 **나나니벌의 애벌레**—땅 속 집으로 가져온 애벌레 위에 알을 낳으면 알에서 부화한 나나니벌의 애벌레는 이 애벌레를 먹으며 자란다.

어진 곳에 구멍을 파고 있었다.

한쪽의 나나니벌은 2마리의 먹이를 넣고 본래대로 묻은 다음 날아갔다. 다른 1마리의 나나니벌은 상대가 없는 것을 알고서 다른 나나니벌이 막아 놓은 구멍을 파고, 알을 낳아 놓은 자벌레를 끄집어 낸 다음 알은 먹어 버리고, 자벌레는 자기 구멍으로 끌고가는 것을 보았다.

나나니벌 중에는 이와 같이 남의 것을 도둑질하는 것이 있어 매우 흥미롭다. 돌을 입으로 물고, 흙을 다지고, 남의 것을 훔쳐 먹는 행동에서 새삼 지혜를 느끼게 된다.

● 꿀벌의 댄스

 꿀을 모으기 위해서 사육하는 꿀벌은 거의 다 유럽에서 품종 개량을 한 말하자면 일종의 가축이다.

 우리 나라에도 재래종이 있는데 지금도 깊은 산중에 살고 있다. 몸은 약간 소형이고 색깔이 검으며, 큰 나무 둥치 속이나 돌담 사이에 집을 짓고 산다.

 그런데 꿀벌과 인간이 서로 관계를 맺게 된 역사는 고대 이집트 시대에 이미 사육한 사실이 있었던 것으로 봐도 꽤 오래 되었음을 알 수 있다.

 꿀벌은 막시목의 꿀벌과에 속하며, 이만큼 대집단 생활을 하는 종류는 다른 벌에서는 찾아볼 수 없다. 경우에 따라서는

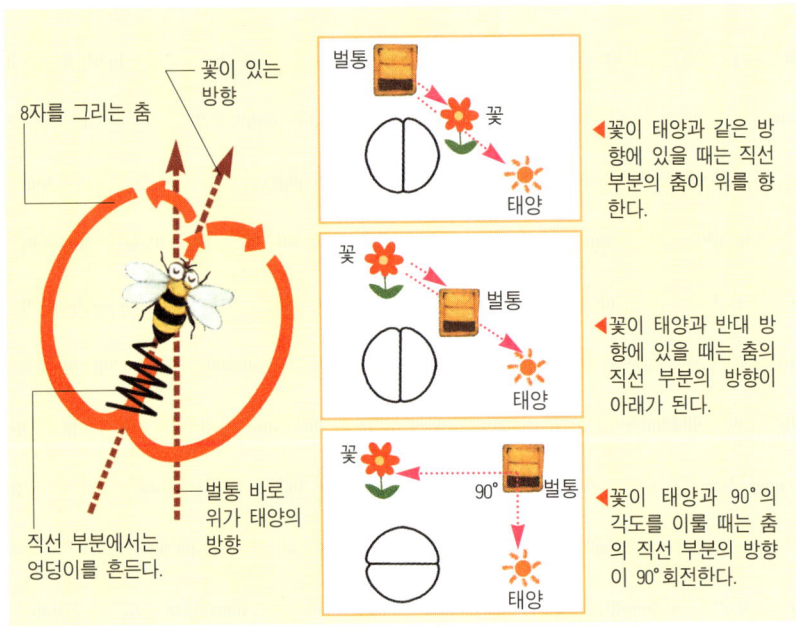

🔴 꿀벌의 댄스―춤을 추며 신호를 주는 벌이 벌집 위를 향해서 회전했을 경우 가르침을 받은 벌은 태양을 향해서 날아간다.

그 무리가 무려 3만여 마리가 되기도 한다.

　그러나 어떠한 경우에도 그 집단의 중심이 되는 여왕벌은 오직 1마리뿐이며, 여왕벌은 오로지 알을 낳는 일에만 전념한다. 나머지 대부분은 일벌이라고 일컫는 불임성의 암컷이다. 수벌은 봄에만 나타나는데, 집 안의 생활을 유지하기 위해 하는 일은 없다.

　꿀을 모으는 일은 역시 일벌이 한다. 그런데 어떻게 해서 꽃이 있는 곳을 무리에게 알리는가에 대해서 오랜 동안 수수께끼로 남아 있었으나, 폰 푸리슈에 의해서 해명되기 시작했다. 벌집의 입구와 꽃과 태양을 이은 각도를 발견한 꿀벌이 벌집 위를 수직으로 오른 다음 엉덩이를 흔들고 날개를 울리면서 댄스를 하면 다른 벌이 날아와 이것을 더듬이로 건드려 본 다음에는 틀림없이 꿀이 있는 꽃을 향해서 날아간다고 한다.

　이 수확 댄스에 대해서는 자세한 점까지 연구해 보지 않으면 모를 일이 많으나, 각도기는 물론 아무런 자도 가지지 않은 꿀벌이 몸으로 정확히 각도를 헤아릴 수 있다는 사실은 참으로 신기한 노릇이라고 아니할 수 없다.

　이 꿀벌의 댄스는 동료들 사이의 신호가 되는 동시에 의사를 전하는 말이 되는 것이다.

● 작은 거인 기생벌

　배추벌레를 사육할 때 뜻밖에도 큰 애벌레의 몸에서 구더기 같은 것이 나와 노란 고치를 짓는 것을 볼 수 있다.

　어떤 초등 학교 학생이 애벌레인 배추벌레가 알을 낳았다고 달려온 일이 있는데, 사실 이것은 기생벌이 낳은 알이었다.

그러면 어떻게 해서 이 작은 벌의 새끼가 배추벌레에서 나온 것일까?

배추벌레는 알에서 부화되어 차츰 커져 3령이 되면 몸길이가 약 8밀리미터 정도 된다. 이 무렵이면 배추나비좀벌이라고 하는 작은 벌이 배추벌레를 찾아 양배추 밭 사이를 날아다닌다.

이렇게 해서 애벌레(배추벌레)를 발견하면 애벌레의 몸 위를 기어다니면서 더듬이로 이것이 배추벌레인가를 더듬어 확인해 본다.

여기서 재미나는 일은 우리들도 잘 알 수 없는 줄흰나비의 애벌레까지 구별하는 능력이 있다는 것이다.

🔺 배추흰나비 애벌레에 기생하는 배추흰나비고치벌의 고치―고치 위에 있는 벌은 배추벌레살이 금종벌이다.

🔻 배추흰나비 애벌레의 몸 속에서 나온 배추흰나비고치벌의 애벌레가 고치를 만들기 시작했다.

 만일 이것이 배추벌레라는 것이 확인되면, 배추벌레고치벌의 암컷은 산란관을 배추벌레의 몸에 찌르고서 알을 낳는다. 이 때 배추벌레는 머리를 흔들면서 벗어나려고 하지만 감당해 낼 수가 없다.
 이렇게 해서 배추벌레고치벌의 알은 배추벌레의 몸 속에서 부화되어 배추벌레를 먹으면서 자라난다.
 다 자란 애벌레는 배추벌레를 뚫고 나와 이내 고치를 만들어 번데기로 된다.
 한편, 배추벌레는 한 번에 거의 30마리나 되는 벌의 애벌레가 침입하여 먹어 버리기 때문에 마침내 죽어 버린다.

일 주일이 지나면 고치에서 벌이 나와 짝짓기를 한 다음 다시 배추벌레를 찾아다니게 된다.

이와 같이 다른 곤충의 몸에 기생하는 곤충의 종류는 매우 많다. 주로 작은 벌이나 파리 등이 이와 같은 생활을 한다.

배추벌레와 같은 것은 인간에게 해충이 되는 것이니, 이 배추벌레고치벌은 배추벌레의 천적이 되며, 인간에게는 익충이 되는 셈이다. 따라서, 이 배추나비흰나비는 크게 발생되는 일 없이 자연의 균형을 유지하게 된다.

● 노예 사냥을 하는 개미

한여름 대낮에는 많은 개미들이 떼를 지어 기어다닌다. 이것을 곧잘 개미가 이사하는 것이라고 말하기도 한다. 물론 종류에 따라서는 이사를 하는 것도 있다.

그러나 몸이 큰 검은개미가 입에 흰 것을 물고 있으면 '노예 사냥'을 한 것이라고 생각할 수 있다.

곰개미는 곳곳에서 볼 수 있는 보통 개미로, 몸은 검지만 회색이 더 짙다.

이 평화스런 가족 집단에 돌연 큰 떼의 적이 습격해 오는 일이 있다. 그 이름은 무사개미이다. 크기는 곰개미와 거의 같고, 약간 날씬하다. 하지만 머리를 돋보기로 보면 날카로운 송곳니(큰턱)가 있어서 보기에 매우 험상궂은 얼굴을 하고 있다. 이러한 무사개미는 노예 사냥을 할 때만 땅 위에 나타난다.

무사개미는 여기저기 곰개미의 집을 살펴 될 수 있는 대로 대가족인 것을 찾는다. 적당한 곰개미 무리를 발견하면 몇 백 마리가 떼를 지어 습격해서 닥치는 대로 물어 죽이며 집 안으

🔴 곰개미 집에 들어가 고치를 물고 나오는 무사개미—무사개미는 보통 번데기나 고치를 사냥하지만 일개미를 물어오는 수도 있다.

로 쳐들어간다.

순식간에 집 안에 있던 곰개미의 번데기나 갓 태어난 개미들은 노예가 되어 무사개미 집에서 일을 하게 되고, 무사개미가 먹을 먹이를 모으고, 무사개미의 애벌레를 기르는 일을 한다.

그런가 하면 무사개미는 제 스스로 먹이를 먹지 않고 입을 벌리고 곰개미가 먹이를 넣어 주도록 한다. 이 무사개미 종류는 곰개미가 있어서 비로소 종족을 유지할 정도이므로 이것을 '사회 기생'이라고 말한다.

● 버섯을 재배하는 개미

가위개미에 대해서는 여러분도 잘 알고 있을 것이다. 그러나

🔻 가위 개미들이 버섯을 기르기 위해 나뭇잎을 잘라 나르고 있다.

 아쉽게도 우리 나라에는 가위개미가 없다.
 유럽에는 여기저기 곤충관이 많이 설립되어 있다. 이들 곤충관에서는 반드시라고 할 만큼 이 가위개미를 기르고 있다.
 본래 이 가위개미는 중앙 아메리카로부터 남미에 걸쳐 분포해 있던 종류로, 크기는 곰개미만하고 몸은 붉은 빛이 도는 적갈색을 띠고 있다.
 곤충관의 한 곳을 보면 장미꽃나무의 가지가 여러 개 들어 있는데, 개미집으로부터 그 가지까지 마치 설탕에 모여드는 것처럼 개미들이 길게 행렬을 이루고 있었다. 잎에 다다른 개미들은 능숙하게 나뭇잎을 잘라 입에 물고는 머리 위에 쓰는 것처럼 해서 잘라 낸 잎을 운반하였다.

　그러면 집 안에 있던 개미는 이것을 씹어 그 위에 버섯의 일종을 심는 일을 하였다. 팡이실은 차츰 자라서 곳곳에 조그마하게 볼록볼록 튀어나왔다. 이렇게 해서 자란 버섯은 가위개미의 훌륭한 양식이 되었다.

　이들 가위개미는 언제나 많은 잎을 모아 이 버섯을 재배할 모밭을 준비해 놓는 일에 게을리하지 않았다.

　그러면 이들은 버섯의 씨를 어디에서 가져온 것일까?

　그것은 새로운 여왕개미가 개미집에서 팡이실을 물고 나와 1마리로 새 집을 짓고, 일개미가 불어날 때까지 간직해 놓았다가 개미집이 커진 다음에 여기저기 방에 재배장을 불려 나가는 것이다.

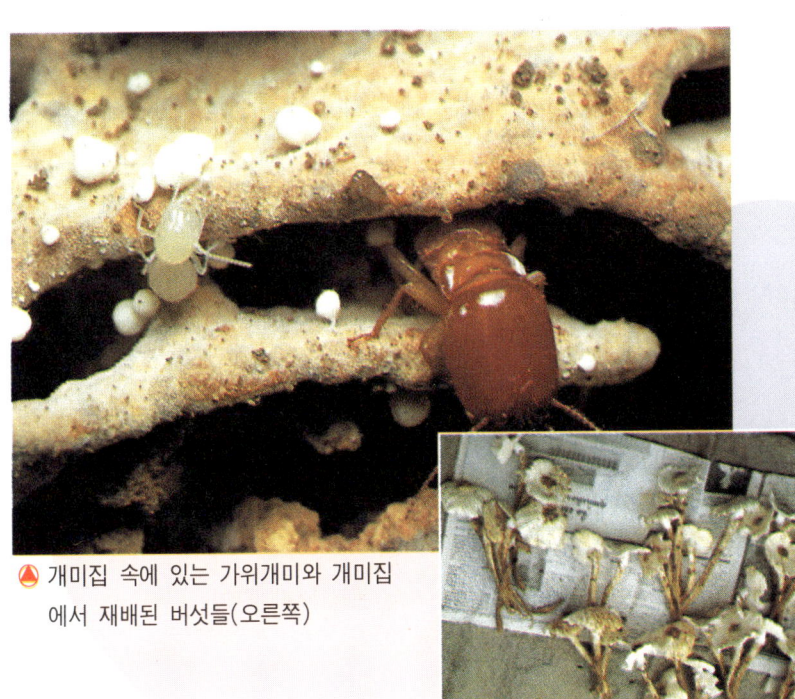

🔺 개미집 속에 있는 가위개미와 개미집에서 재배된 버섯들(오른쪽)

● 숨어 버린 겨울의 곤충

 겨울이 되면 곤충은 모습을 감추어 버린다. 귀뚜라미나 메뚜기는 알을 남기고 죽어 버린다. 그래서 대부분의 곤충도 이와 같을 것이라고 생각하는 사람이 많을 것이다.

 그런데 뜻밖에도 어른벌레로 겨울을 나는 곤충도 많다.

 갑충류에서 딱정벌레나 먼지벌레의 무리는 모두 다 흙 속에서 겨울을 난다. 애사슴벌레나 홍다리사슴벌레, 또는 톱사슴벌레도 썩은 고목 속에 가만히 들어 앉아 있다. 왕바구미도 같은 상태이지만 이것은 갑충이 되어 4년 동안 산다고 한다.

 노린재 무리에도 어른벌레로 겨울을 나는 것이 적지 않다.

🔺 무당벌레는 날씨가 추워지면 낙엽 밑이나 나무 밑둥으로 여러 마리가 모여들어 어른벌레인 채로 겨울을 난다.

무당노린재, 왕침노린재, 소금쟁이 등도 갈잎 밑에 들어가 겨울을 난다.

잠자리 중에도 2종류는 어른벌레로 겨울을 난다. 몸이 작은 가지처럼 가늘고 긴 묵은실잠자리와 가는묵은실잠자리는 숲 주변의 떨기나무에서 날씨가 좋은 날이면 볼 수 있다.

벌에 대해서는 여러분도 잘 알고 있을 것이다. 쌍살벌 무리는 처마 밑이나 나무 둥치에서 한 마리씩 홀로 봄을 기다린다. 말벌의 무리는 고목나무 둥치 속에 파고 들어가 마치 고치와 같은 방을 만들어 그 곳에 조용히 있다. 흩어져 겨울나기를 하는 것은 암컷들이다.

메뚜기나 여치의 무리 가운데도 어른벌레로 겨울나기를 하는 것이 있다.

● 벼룩은 점프의 챔피언

인간에게는 물론 고양이나 개 등의 동물에도 벼룩이 거의 없어졌으므로, 오늘날에는 그 실물을 보지 못한 사람도 많을 것이다.

벼룩의 몸은 좌우에서 눌린 것처럼 평평하다. 돋보기로 보면 뻣뻣한 털이 나 있어서 마치 탱크와 같은 느낌이 든다.

'있다!' 하고서 손으로 잡으려고 하면 눈 깜짝 할 사이에 펄쩍 뛰어 어디로 가 버렸는지 알 수 없다.

벼룩은 곤충 중에서도 비교적 고등한 종류에 속하며, 기생 생활을 하기 때문에 날개는 퇴화되었다.

특징은 뒷다리가 길어 이것으로 톡톡 점프를 하는 것이다.

사람 몸에 기생해 사는 벼룩은 몸의 길이가 약 2밀리미터이

🔴 벼룩—입은 동물의 피를 빨기 알맞게 되어 있고, 뒷다리가 발달하여 잘 뛴다.

다. 별다른 무기라고는 없으므로 점프를 하여 적으로부터 피한다는 것이 최대의 방어책이 된다고 말할 수 있다.

 점프는 뒷다리를 움츠린 다음 이것을 재빨리 펴는 동작으로 한다. 몸 속에 발달한 근육이 있어서 점프를 할 때는 마치 용수철과 같은 힘으로 뛴다.

 1회의 점프로 약 30센티미터를 뛰는데, 이것은 몸길이의 150배나 된다. 전문가의 조사에 의하면 막 출발했을 때의 초속은 2미터 이상으로, 이 때문에 뒷다리는 자기 몸무게의 160배나 되는 무게를 받칠 수 있다고 한다.

 올림픽에 출전하는 선수도 높이뛰기에서 자기 키의 2배를 뛰지는 못한다. 만일 벼룩이 인간이라고 치면 300미터 이상이

나 뛴다고 말할 수 있을 것이다.

그런데 이 점프의 모양을 고속 카메라로 촬영한 필름을 보면, 벼룩은 공중에서 회전하고 떨어질 때는 엎어지거나 옆으로 넘어지거나 한다. 그러나 조금도 당황하지 않는다.

그것은 몸의 껍질이 마치 갑옷을 입은 것처럼 단단한데다 몸무게도 가볍기 때문이다.

● 나비가 꽃을 발견할 때까지

나비는 어른벌레로 되고 나면 그리 오래 살지 못한다. 한 해에도 여러 번 발생을 되풀이하는 종류(배추흰나비나 호랑나

🔻 꿀을 빨고 있는 배추흰나비―나비는 꽃 안쪽의 꿀샘에서 꿀을 빨아먹는다.

🔺 꿀은 적은 양 속에 많은 양분이 들어 있어 나비의 **훌륭한** 먹이가 된다.

비)와 한 해에 한 번만 어른벌레로 나타나는 종류(왕오색나비)의 수명은 겨우 2~4주일 정도밖에 되지 않는다.

 그러나 어른벌레로 겨울을 나는 종류(청띠신선나비나 들신선나비)인 경우에는 1년 가까이 사는 것이 있다. 물론, 이 경우 살아 있는 것이 틀림없는 사실이지만 대부분이 활동하지 못하는 추운 겨울에 해당하기 때문에 실제로 활동하는 기간은 그리 길지 못하다.

 따라서 어른벌레는 이 짧은 기간에 짝짓기하여, 알을 낳아야 자손을 퍼뜨릴 수 있다. 이 때문에 꽃의 꿀을 따 체력을 튼튼히 유지시킬 필요가 있다. 따라서 꽃을 발견하는 일이 무엇보다도 중요한 일이다.

 나비의 겹눈은 반구상으로 넓은 범위를 볼 수 있다. 그러나 시력에 대해서는 확실히 증명된 바는 없지만 그리 멀리는 볼 수 없는 것 같다. 단, 가까운 것은 자세한 곳까지 잘 볼 수 있을 것으로 생각된다.

색깔의 구별은 어느 정도까지는 할 수 있으나 우리 사람과 같다고는 할 수 없다. 왜냐 하면, 나비들은 인간이 볼 수 없는 자외선을 잘 본다는 것이 알려져 있기 때문이다.

보통의 카메라에 자외선만을 통과시키는 필터를 끼우고 꽃의 사진을 찍어 보면 꽃잎에 독특한 무늬가 뚜렷이 나타난다. 그러므로 나비는 눈으로 꿀이 많이 나는 꽃 전체의 모양이나 자외선의 무늬를 표적으로 찾아 어느 정도 가까이 간 다음,

🔺 개울가에서 노랑나비가 물을 마시고 있다.

🔴 **나비의 입**—꿀을 빨 때는 빨대 같은 긴 관을 펴서 꽃의 꿀샘에 넣지만(위), 보통 때는 돌돌 안쪽으로 말아 머리 밑에 둔다(오른쪽).

꽃잎을 더듬어 보고(주로 앞발 끝으로) 틀림없다는 것이 확인되면 반사적으로 용수철 모양으로 감아져 있는 입을 편다.

이것은 나비가 맛을 확인하는 행위로, 미각기가 다리의 끝과 입 끝에 붙어 있기 때문에 더듬어 맛을 확인하는 것이다.

● 먹이가 되는 풀에 알을 낳는 까닭

배추흰나비는 어떻게 해서 양배추에 알을 낳고, 호랑나비는 산초나무에 알을 낳을까?

만일 다른 식물에 알을 낳으면 부화한 애벌레는 굶어 죽어 버린다. 이 비밀에 대해서 다음과 같은 실험을 한 학자가 있다.

먼저 양배추를 으깨어 그 즙을 종이에 스며들게 해서 놓아 두었다. 이내 배추흰나비의 암컷이 날아와 그 종이 위에 알을 낳았다. 그러나 조금 시간이 지난 뒤부터는 다시는 알을 낳으려는 나비가 없었다.

그 이유는 새 것의 양배추즙에 그 열쇠가 있었다. 양배추 잎의 성분은 대부분이 식물성 단백질이지만 다른 종류의 화학성 물질도 포함되어 있다. 그 물질에는 휘발성 물질이 있어서 냄새를 풍기는데, 오래 되면 이 휘발성 물질이 달아나 냄새가 없어져 버린다. 날아온 암컷은 이 냄새를 더듬이로 느껴 알을 낳게 되는 것이다.

나비는 종류에 따라 특히 민감하게 느끼는 냄새가 정해져

🔻 양배추 잎에 알을 낳고 있는 배추흰나비

🔴 호랑나비는 애벌레가 잘 먹는 탱자나무·귤나무 등과 같은 식물을 찾아다니며 알을 낳는다.

있다고 한다. 호랑나비는 귤과 식물에, 배추흰나비는 평지과 식물을 좋아한다.

이렇게 해서 먹이가 되는 식물 위에 알을 낳으면 부화한 나비의 애벌레는 그 잎을 갉아먹고 자란다.

각 식물에 조금씩 포함되어 있는 화학 물질이 각각의 나비를 불러들이는 요인이 된다는 것이다. 즉 그 화학 물질이 신호의 역할을 담당하고 있는 것이다.

이렇게 생각해 보면 나비는 살아 있는 컴퓨터라고도 할 수 있다.

● 나비와 나방의 차이

나비와 나방의 차이에 대해서 이만큼 많은 사람이 믿고 있는 규정은 달리 없다. 그 규정을 다시 한 번 살펴보자.

1. 나비는 색채가 아름다우나 나방은 아름답지 못하다.
2. 나비는 앉을 때 날개를 세우나 나방은 지붕 모양으로 접는다.
3. 나비의 더듬이는 끝이 둥글고 크나, 나방은 실 모양 또는 깃 모양이다.
4. 나비는 날개에 비해 몸통이 길다랗고 나방은 굵다.
5. 나비는 낮에 활동하나 나방은 밤에 활동한다.

🔴 나방—나비와 몸의 구조는 같으나 더듬이의 모양이 다르며, 날개는 주로 펼친 채 앉으며, 작고 아름답지 못하다.

그러면 뿔나비나방, 유리알날개알랑나방, 왕하늘나방, 벚나무모시나방이라고 하는 종류를 곤충 도감에서 찾아보자. 실물을 본 사람은 모양을 상기해 보자.

틀림없이 나비와는 다르게 되어 있다. 그러나 낮에 날아다니며, 종류에 따라서는 나비처럼 꽃의 꿀을 빨아먹기 위해 날아든다. 색채도 그다지 추하지는 않다.

이것은 한 예에 지나지 않으나 앉은 모양이나 생긴 모양 등이 나비와 비슷한 것이 적지 않다. 반대로 나비 종류 가운데도 일반적인 나비 모양보다는 오히려 나방에 가까운 것이 있다. 시셀리그늘나비와 같은 뱀눈나비과의 무리 중에는 밤에 등불에 모여드는 것도 있다.

그도 그럴 것이 나비나 나방은 다 인시목 그룹에 속해 있다.

🔴 **야행성인 나방**—나방은 온도와 습도 등이 일정한 조건에 이르면 반응하여 등불 가까이로 날아든다.

🔴 불빛을 찾아 창문으로 모여든 나방들—나방은 야행성으로 종류는 대략 4,000여 종이 있다.

우리 나라에는 약 230여 종류의 나비가 분포되어 있다. 나방은 아직 그 종류를 다 알지 못할 정도이나 대략 4,000종 정도 된다고 한다. 이것은 곧 나비는 인시목 중 극히 일부 그룹에 지나지 않음을 나타내는 것이다.

● **나방은 어째서 등불로 모여들까**

여름밤에 나방이 날아와 성가셨던 경험은 누구나 겪어 봤을 것이다. 그러면 나방은 무엇 때문에 날아오는 것일까?

이에 대한 해답을 찾기는 매우 어렵다. 그러나 그 비밀의 열쇠가 겹눈의 생김새에 있음이 알려졌다.

겹눈은 몇 천이라고 하는 작은 눈(낱눈)이 모여서 된 것이다. 그 하나하나의 낱눈을 세로로 잘라 보면 표면에 각막의 렌즈가 있고, 그 밑에 정자체라고 하는 원추상의 렌즈가 있어서 빛을 모으는 작용을 하고 있다. 그리고 그 정자체를 둘레로부터 싸는 것처럼 홍채 세포라고 하는 것이 있다.

이 홍채 세포 속에는 작은 색소의 알갱이가 있는데 이것이 빛이 센 낮에는 아래쪽에 모이고, 밤이 되어 어두워지면 색소 알갱이가 위쪽으로 모이게 된다.

요컨대 카메라의 조리개와 같이 눈에 들어오는 빛을 색소 알갱이로 조절하는 것이다. 이것이 나방의 겹눈이지만 나비는 색소 알갱이가 고정되어 있어서 빛의 강약이 있어도 이동하지 않는다.

이러한 눈의 생김새의 다름에 의해 나방은 주위가 어두워지면 비로소 그 기능이 발휘되어 잘 보이게 되는 것이다. 반대로 나비는 빛의 양이 적어지면 나는 것을 중지한다.

이것은 나방 종류에 따라서 다르겠지만 이러한 겹눈 속에 변화가 일어나면 나방은 날아서 이동한다.

그런데 등불이 있으면 그것을 목표로 해서 언제나 양쪽 눈에 같은 정도의 빛을 받도록 몸을 유지하면서 등불로 날아온다고 한다.

그러나 이상한 일은 모여든 나방이 무엇을 찾는 모습은 보이지 않으나, 이성을 찾아서 모인 것은 틀림없는 일이라고 할 수 있다.

● 개미에 의해 길러지는 나비

나비의 어른벌레나 애벌레는 개미의 먹이로 되는 것이 보통이다. 하지만 본래부터 적인 개미집에 들어가 개미에 의해 길러지는 나비의 무리가 있다. 바로 부전나비의 무리로 이들과 개미와의 관계에는 여러 가지 단계가 있다.

요약을 하면 처음에 식물을 먹는 애벌레 중에도 ❶ 잎 위에 있는 진딧물을 먹는 습성을 가진 것이 나타난다(바둑돌부전나

🔻 담흑부전나비 애벌레가 내는 꿀을 빨고 있는 왕개미

비). ❷ 진딧물의 분비물을 먹이로 하는 습성을 가진 애벌레 중에는 자기의 몸(배 부분, 마디의 등 쪽)에서 꿀을 내는 생김새를 가지게 되며, 진딧물의 분비물을 구하러 찾아오는 개미에게 그 꿀을 제공하는 입장에 서는 종류가 생겨난다. 그러면 개미는 애벌레를 진딧물처럼 보호하고 공격하지 않는다. ❸ 그 동안 찾아오는 개미로부터 먹이를 얻는 종류가 나타나 개미와 직접 먹이를 얻고 꿀을 대주는 관계를 맺는다. 그러면 식물 위에 있을 이유가 적어져 스스로 걸어서 개미집 속에 들어가거나 개미에게 잡혀가 집 안에서 살게 된다. 담흑부전나비의 종류는 이러한 단계이다.
❹ 그러나 꼬마부전나비나 큰점박이푸른부전나비의 애벌레

는 집 안에서 개미의 애벌레를 먹어 버린다. 그런데 개미는 자기의 애벌레를 희생시켜도 나비의 애벌레로부터 꿀을 얻는 것을 더 중요하게 여긴다.

우리들 주변에는 졸참나무숲에 사는 담흑부전나비가 있다. 이 담흑부전나비가 진딧물이 많은 졸참나무의 가지에 알을 낳으면 애벌레는 3령이 될 때 일본왕개미에게 잡혀 집 안으로 운반되어 거기서 성장한다. 그리고 이듬해 6월쯤 개미집에서 허물을 막 벗은 상태로 지상에 모습을 나타낸다.

● 나뭇가지 모양을 한 자벌레

자벌레는 아는 바와 같이 이상한 모양으로 기어간다. 이것은 자나방 무리의 애벌레이며, 우리들 주변에 약 40종류가 있다고 한다.

몸색깔이 녹색으로 새싹이나 풀줄기와 똑같은 것, 갈색으로 나뭇가지와 똑같은 것 등이 있다.

특히 들판의 풀숲에 있을 때는 주변의 모습과 아주 비슷하여 그 모습을 쉽게 구별해 내기 어렵다. 이러한 경우를 생물환경에 대한 보호색이라고 한다.

그런데 자벌레는 색깔뿐만 아니라 모양까지도 나뭇가지와 매우 흡사한 경우로, 이것이 보호색이 모양까지 반영하고 있다고 해석되고 있다.

그러면 어떻게 해서 자벌레는 이러한 색깔이나 모양을 하게 되었을까?

이것은 우리들이 실험할 수 없는 도태의 결과로, 눈으로 그들을 찾아서 잡아먹는 새 등의 천적에 대한 자기 보호의 한

🔺 **자벌레**—나뭇가지와 색깔과 모양이 거의 같아 적의 눈을 피할 수 있다.

변화이다. 인간과 새의 시각, 특히 보이는 색깔의 범위는 거의 같기 때문에 같은 정도의 효과가 있고, 그 위에 조용히 정지하고 있는 동작이 동반되고 있으므로 더욱 더 발견하기 어렵다. 그러나 눈으로서가 아니라 냄새로 찾는 상대에는 이 보호색도 소용이 없다. 이를테면 기생벌 등이 그 좋은 예가 되는데, 어떻게 속임수를 써도 냄새까지는 지울 수 없으므로 알을 낳게 된다.

◀대벌레—나뭇가지와 거의 구별이 가지 않는다.

🔺방아깨비—몸색깔과 모양이 풀잎과 같다.

◀나무껍질나방—나무 위에 앉아 있으면 쉽게 알아볼 수 없다.

● **어디에 있나**

"어디에 있는가?"

"저기 가지가 벌어진 곳의 아래에?"

숲 속이나 풀숲에 들어가 벌레를 찾는 일은 보물찾기와 같다. 상대는 잘 발견되지 않는 곳을 골라 숨어 있기 때문에 벌레를 요령 있게 찾아 내어야 한다.

나무 둥치에 앉아 있는 것을 정면에서 보아서 찾기 어려우나, 약간 비스듬히 옆으로 해서 볼 때는 쉽게 발견할 수 있다. 즉 벌레가 있을 만한 곳을 알고서 찾아보면 뜻밖에도 간단히 찾을 수 있다. 이것은 약간 연습을 하지 않으면 요령이 붙지 않는다.

　보호색을 하고 있을 경우에는 정말 찾기 어렵다. 색채가 주변과 비슷한 것은 말할 나위 없고, 모양에 대해서는 다음 3가지 방법으로 몸을 숨기고 있는 경우가 많다.

　그 하나는 나무껍질밤나방과 같이 표면에 착 붙어서 그림자를 만들지 않는 유형이다. 이것은 모양 그 자체는 여러 가지이지만 그림자가 없는 것이 자신을 감쪽같이 숨기는 효과를 높여 준다.

　다음에는 몸의 어느 부분의 각도를 이용하여 주변의 것과 비슷하게 하는 유형이다. 이를테면 방아깨비의 머리 끝이나 날개 끝은 벼과 식물의 잎 모양과 비슷하여 부자연스런 느낌을 주지 않는다.

　셋째는 몸을 다른 것의 일부분처럼 보이도록 하는 유형이다. 몸을 나뭇가지처럼 벌려서 우리들의 눈을 속이는 효과를 내고 있다. 대벌레와 자벌레 등이 이에 해당한다.

● 등에가 벌과 비슷한 까닭

　분류상으로 전혀 다른 종류이지만 색깔은 물론 모양과 동작까지 서로 비슷한 곤충이 있다.

　여러분도 경험한 일이 있을 것이다.

　'붕' 하는 날개 소리를 듣고서 뒤돌아 보니 황갈색의 무늬가 보였으므로 벌이라고 생각하여 몸을 움츠린 경험이 있을 것이다. 사실 이것은 등에이다. 이 예로 말하면 등에는 벌의 '의태'인 것이다.

즉 무기나 독을 전혀 갖지 않은 곤충이 무기나 독을 가진 곤충의 흉내를 내었을 때 이것을 '의태'라고 부른다.

그런데 이를 정말 흉내 내었을까?

이를테면 꿀벌이나 띠호박벌을 잡아먹는 개구리나 새는 침에 찔려서 혼이 난 다음에는 그러한 곤충을 다시는 잡아먹지 않음은 물론, 벌과 비슷한 등에까지도 잡아먹지 않는다고 한다.

그러나 그것이 항상 어디서나 보장되지는 않는다. 간혹 벌과 비슷한 무늬를 한 등에가 적으로부터 잘 피하는 경우가 있을 따름이다.

그런데 현재 볼 수 있는 등에는 모두 다 벌과 비슷한 것이 아니다. 그러면 이것들은 어떻게 해서 살아 남을 수 있었을까?

오랜 진화의 역사에 의해 만들어진 곤충의 색깔이나 모양에 관한 문제는 우리들이 실험에서 간단히 이해할 수 없는 문제가 있다.

호랑하늘소의 얼룩무늬는 말벌과 비슷하다. 그 위에 기는 일이나 서서 머리를 옆으로 돌리는 일은 보통 하늘소에서는 볼 수 없는 행동이다.

만일 새가 말벌이라고 생각해서 잡아먹지 않았다면 얼룩무늬·모양·동작이 호랑하늘소를 구제한 것이라고 말할 수 있다. 즉 의태는 종족 보존에 큰 역할을 담당하고 있는 것이다.

● 동작까지 똑같은 의태

사향제비나비는 숲 속이나 그 주변에서 살고 있는 나비로, 독특한 냄새를 풍긴다. 이 고약한 냄새 때문에 새는 이것을 잘 잡아먹지 않는다. 같은 장소에 모양이나 나는 모양이 매우

🔺 사향제비나비―날개를 펴면 10센티미터 정도되는 대형 나비로 몸에서 향기를 발산한다.

비슷한 긴꼬리제비나비도 살고 있다. 사향제비나비를 한 번 눈에 익힌 새는 이 긴꼬리제비나비도 잡아먹지 않는다.

이것은 의태의 예로서 자주 인용되는 것이다. 그런데 유감스럽게도 온실에서 이에 대한 실험을 실시해 본 결과로는 확실한 증거를 얻지 못하였다. 너무 좁은 이상 환경이었기 때문인지도 모를 일이다.

제비나방붙이라는 나방이 있는데, 이것은 남방제비나비와 매우 흡사하다. 더욱이 대낮에도 숲 주변을 마치 나비와 같이 너울너울 날아다닌다.

크기는 남방제비나비의 반 정도밖에 되지 않는다. 그런 남방제비나비를 싫어하는 천적은 역시 이 제비나방붙이도 싫어하게 된다.

플라이들명나방이라는 그룹은 나방이면서 날개가 투명하고 몸에 무늬가 있어서 쌍살벌의 종류와 비슷하게 보인다.

이 의태는 아주 감쪽같이 흡사해 우리가 쉽게 속아넘어가는 일이 많다.

또 벌유리나방붙이라고 하는 곤충은 마치 말벌과 비슷한 동

🔸 겨울 나뭇가지에 매달려 있는 도롱이벌레의 고치

🔻 고치 속에 들어 있는 도롱이
벌레의 애벌레

작을 하므로, 정체를 모르는 새나 사람들은 그 속임수에 넘어가 멀리 피하게 된다. 이러한 행동의 의태는 정말 감탄하지 않을 수 없는 것이다.

● 도롱이벌레의 기묘한 생활

겨울이 되면 잎이 떨어진 가지에 도롱이벌레가 매달려 있는 것을 볼 수 있다. 바람이 불고 눈이 쌓여도 튼튼하고 따뜻한 도롱이 속에 들어 있기 때문에 얼어 죽지 않는다.

이 도롱이 속에는 통통하게 살이 찐 애벌레가 들어 있다. 도롱이는 이 애벌레가 입에서 실을 내어 주변의 잎이나 작은 나뭇가지 등을 합쳐서 얽어 맨 것이다. 머리를 내고 잎을 갉아먹을 때는 갈고리처럼 변형된 배다리로 안쪽으로부터 받치고 있으므로 몸이 빠져 떨어지는 일은 없다.

도롱이 아래쪽은 차츰 가늘어져 있고 보통 때는 닫혀져 있다. 이것도 안쪽에서 갈고리로 잡아당기기 때문인데 똥을 눌 때는 열어 둔다.

흔히 볼 수 있는 종류는 큰 도롱이벌레이다. 애벌레는 겨울이 지나고 봄이 되면 다시 잎을 먹고 커진다. 번데기로 되는 것은 5월 하순께부터이고, 나방의 애벌레이기 때문에 도롱이가 고치의 대용이 되는 것이다.

수컷의 경우는 보통의 번데기로 되지만 암컷은 탈피를 한 것인데도 번데기에 날개나 다리가 없다. 마치 큰 구더기와 같은 모양이다.

양쪽 다 번데기는 머리를 아래로 향하고 있으며, 수컷은 허물을 벗을 때, 먼저 번데기대로 몸 앞쪽을 도롱이 아래쪽에 내고 탈피하여 어른벌레로 된다. 그런데 암컷은 도롱이 속에서 허물을 벗지만, 모양은 번데기 때와 그리 변하지 않고 구더기와 같다.

어른벌레(수컷)는 나방이지만 등불에 모여드는 일은 드물고 주로 저녁 때 불안정하게 날아다닌다. 이것은 도롱이 속에 있는 암컷의 냄새를 찾아다니는 것인데, 암컷을 발견하면 아래쪽 구멍에 배를 넣고 수컷이 암컷을 쳐다보지 않은 채 짝짓기 한다.

그 뒤 암컷은 도롱이 속에 알을 낳고 땅에 떨어져 죽어 버린다. 새끼 도롱이 벌레가 부화되는 것은 암컷이 있었던 도롱이 속이며, 여기에서 실을 내어 주변으로 퍼져 나간다.

● 나비가 나는 코스

 산길을 걷고 있으면 나비가 훨훨 날아와 같은 방향으로 가는 일이 있다. 이 넓은 하늘에서 어디라고 날아가지 못할 곳이 있을까?

 예부터 나비의 길이라고 하는 말이 있다. 그것은 누구나 다 상상할 수 있는 바와 같이, 어른벌레의 먹이가 되는 꽃이나 수액이 있는 장소나 물, 또는 먹이풀을 이은 것이라고 생각했다. 사실 이것이 코스를 정하는 길잡이임은 틀림없는 사실이다.

 이를테면 흰나비의 무리나 팔랑나비의 무리는 꽃을 찾으면

🔺 노랑나비―흰나비과에 속하는 노랑나비는 오른쪽 또는 왼쪽으로 날아 꽃을 찾기 때문에 정해진 코스는 없다.

🔴 **점박이제비나비**—호랑나비과의 나비는 자외선이 강하게 비치는 잎을 목표로 하여 일정하게 나는 코스가 있다.

오른쪽으로 가거나 왼쪽으로 가거나 하므로 소위 코스라고 하는 것은 발견할 수 없다.

그러나 이런 것들만이 아니라는 것이 조사 결과 알려졌다. 꽃이나 먹이풀이 없는 장소에 특정 나비들이 날아오는 일이 있기 때문이다. 종류는 주로 호랑나비과이다.

여러 가지 방법으로 살펴본 결과 호랑나비의 무리는 자외선을 주변보다 많이 반사하는 곳을 택해 난다는 사실을 알아냈다.

이것은 식물의 잎에서도 잎의 표면이 비치고 있는 종류와 그렇지 않은 것이 있는데 호랑나비과에서는 이 빛이 비치고 있는 장소를 골라 날기 때문에 저절로 코스가 정해진 것이다.

그러므로 오전과 오후에는 같은 코스라도 조금 다르다.

이렇게 해서 어떤 지역 내의 코스를 왕복하며 일종의 순찰을 하는 것은 대부분 수컷이며, 때로는 수컷끼리의 세력권 다툼도 보인다.

이와는 별도로 주로 네발나비과에서 보이는 것인데, 어느 장소를 혼자 점령하여 다른 나비가 들어오는 것을 막는 행동도 한다. 잡목숲의 왕오색나비와 산꼭대기에서 보이는 네발나비와 산호랑나비의 행동이 그 좋은 예이다.

🔴 왕오색나비의 무리들—세력권을 가지고 다른 나비가 침범하는 것을 막는다.

● 겨울에만 나타나는 곤충

대개의 곤충은 봄에서 가을에 나타나고, 겨울에는 갈잎이나 흙 속에서 겨울나기를 한다. 그런데 이와는 반대로 겨울에 허물을 벗은 어른벌레가 활발히 날아다니는 경우도 있다.

그것은 겨울자나방이라고 하는 나방의 무리로, 지역에 따라서 종류가 다르다. 사는 곳은 졸참나무, 상수리나무 숲이나 그 주변이다. 잎이 떨어진 마른 나뭇가지 사이를 낮에 날아다니는 것은 앞노랑겨울가지나방이다.

그들은 봄에 애벌레에서 번데기로 되고, 여름에는 땅 속에서 지낸다. 그리고 겨울이 되면 지표의 온도가 높은 정오부터 1시쯤에 허물을 벗는다.

이 때는 꿀의 근원이 되는 꽃이 없기 때문에 어른벌레가 되어도 먹이가 되는 꿀을 얻지는 못한다. 겨우 잎에 붙어 있는 물을 먹는 정도이다. 종류에 따라서는 입이 퇴화하여 물도 먹지 못하는 것도 있다.

또 한 가지 다른 점은 암컷은 날개가 퇴화되어 날 수 없다. 마치 거미와 같이 길 뿐이므로 영어로는 '스파이더모스'라고 일컫는다.

암컷은 자기의 존재를 알리기 위해 배 끝에서 페로몬(이성을 유혹하기 위한 독특한 냄새)을 내며 나무 둥치에 붙어 있고, 수컷은 날아다니면서 페로몬을 찾아 암컷과 짝짓기를 한다.

겨울나방의 짝짓기 시간은 대개 저녁의 해질 무렵이다. 암컷은 나무로 기어올라 표면이 울퉁불퉁한 곳이나 가지가 부러진 곳에 많은 알을 낳는다.

그러면 이들은 무엇 때문에 겨울에만 나타나는 것일까? 암컷의 날개가 작은 것이 겨울에만 나타나는 일과 어떤 관계가 있는 것일까? 이러한 까닭에 대해선 아직 밝혀 내지 못하고 있는 실정이다.

● 귀화 곤충

이제껏 우리 나라에 있지 않았던 곤충이 해외에서 들어와 정착하는 일이 있다. 이들을 '귀화 곤충'이라고 한다. 그 예 중의 하나가 미국흰불나방이다.

1947년경에, 털북숭이 애벌레가 여기저기 가로수의 잎을 갉아먹어 큰 소동이 벌어진 일이 있었다. 이 벌레는 흰나방이 되어 순식간에 전국으로 퍼졌다. 이것은 미국의 군대가 가지

▲ 미국흰불나방—군수 물자와 함께 미국에서 우리 나라에 들어온 해충으로 해마다 그 수가 증가하고 있다.

🔴 **콩풍뎅이**—5~10월 사이에 볼 수 있고, 꽃에 모여 짝짓기도 한다. 2개의 배마디에 5개의 백색 털 점무늬가 있다.

고 온 물자와 함께 우리 나라에 들어온 것이었다.

　유럽에서 발견되는 흰불나방도 미국으로부터 들어온 것이다. 이와 같이 외국에서 곤충이 들어오는 예는 국제적인 교류가 활발해지면서 더욱 늘어나는 추세이다.

　미국흰불나방의 경우 300종 이상의 식물을 먹고, 번식력도 강하기 때문에 큰 해충이 되는 것이다. 그런데 이러한 해충은 그 종류에 필요한 기상 조건이 원산지와 일치할 때 가능하며, 어떤 종류나 다 이와 같이 되는 것은 아니다.

　그런데 이제까지 없었던 곳에 귀화했을 경우, 병이나 기생벌이 원산지보다 적기 때문에 폭발적으로 그 수가 불어나는 일이 많다. 이것은 같은 조건에서 생활하고 있는 다른 종류를 압박하여, 자연의 균형을 깨뜨리는 결과를 초래하게 된다.

미국흰불나방과는 반대로 우리 쪽에서 미국으로 들어간 콩풍뎅이가 있는데 그것 역시 그 곳에서 큰 해충이 되었다.

● **벌의 독**

여름에서 가을에 걸쳐 우리들 집 주변에는 여러 가지 벌들이 많이 모인다.

벌에 쏘였을 때 옛 어른들은 암모니아를 바르거나 소변을

🔴 꽃가루와 꿀을 따는 꿀벌—꿀벌의 뒷다리에는 꽃가루를 나르기 편리하도록 꽃가루 주머니가 있다.

칠하면 낫는다고 생각했다. 그것은 벌의 독이 산으로 중화되기 때문에 효과가 있는 것으로 알려져 왔다. 그런데 벌독에 대한 성분을 연구해 본 결과 그렇게 간단한 것이 아님이 밝혀졌다.

좀말벌의 독에는 셀로토닌과 히스타민이라고 하는 물질이 많이 포함되어 있을 뿐만 아니라, 아세틸콜린이라고 하는 것도 들어 있다. 히스타민이 알레르기 등의 원인이 된다는 것은 알고 있는 바와 같다.

그러나 이 밖에도 단백질의 일종(펩티드)인 블라디기닌이라

🔺 **집을 짓는 말벌**—말벌은 공격성이 강한데다 독성이 강한 침을 가지고 있어서 쏘이면 죽는 수도 있다.

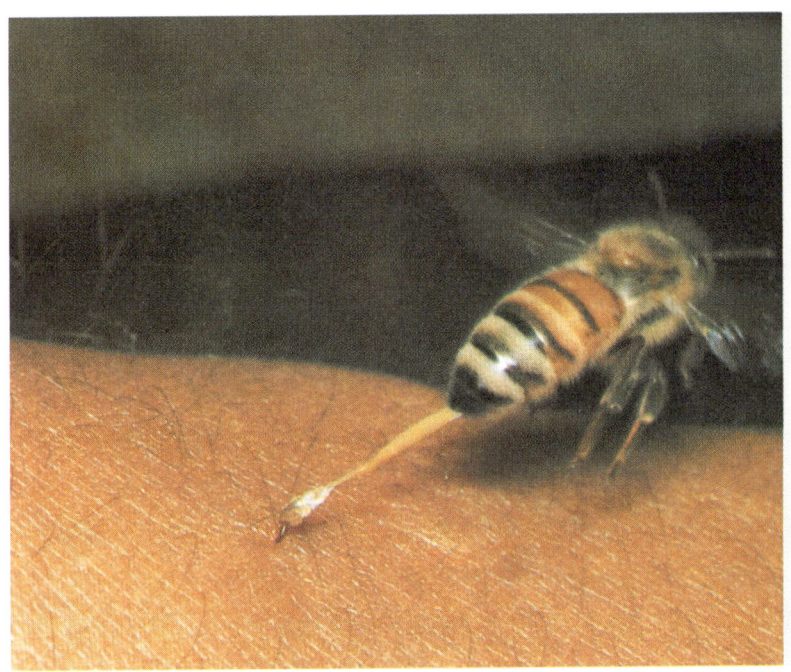

🔻 벌이 침을 피부에 박은 채로 독을 뿜는다.

고 하는 물질이 나나니벌의 독에 100만분의 1그램 들어 있는데, 이것이 독의 본체라는 것이 증명되었다.

 벌은 몸(독샘)에서 만들어진 이 물질을 방어하는 데 이용하는 것이다. 이와 같이 미량의 물질이 사람의 몸 속에 들어가면 혈압을 갑자기 떨어뜨리고 근육을 오므려서 세포막의 성질을 바꾸어 버리기 때문에, 찔린 자리가 붉게 붓고 통증을 느끼게 된다. 목 등의 혈관에 직접 찔리게 되면 그 반응이 재빠르게 일어나 쇼크사를 일으키기도 한다.

 그러므로 벌에 쏘였을 때는 재빨리 독물질을 빨아 내는 것이 가장 좋다. 그렇게 하면 독 그 자체에는 효력이 없으나 소염제로서 좋은 역할을 하므로 바르지 않는 것보다는 좋은 효과를 얻을 수 있다.

● 여행을 하는 곤충

곤충은 자유로이 날아다닌다고 해도 그리 멀리까지 날지 않는다. 배추흰나비는 겨우 4킬로미터 정도밖에 날지 않는다.

그러나 바람에 날려 먼 곳까지 날아가는 경우가 있는데, 배추흰나비나 노랑나비가 흔히 높은 산에서 발견되는 경우가 그렇다.

여러분은 바다 위에 나비 떼가 날아오는 그림을 본 일이 있을 것이다. 이것은 북아프리카의 나비들이 유럽까지 이동한 것을 바탕으로 하여 그려진 것이다.

🔺 동남 아시아의 열대에 사는 노랑나비는 물을 먹기 위해 수백 마리가 대집단을 이루며 계곡을 여행하기도 한다.

🔸 **황제나비의 여행**—봄과 여름에 미국의 평야 지대에서 살다가 가을이면 월동지를 향해 이동한다.

그런데 어떻게 해서 이러한 현상이 일어나는 것일까? 아직 그 상세한 이유는 알려져 있지 않다.

그런데 팔랑나비가 바닷가에 떼를 지어 있다가 바다 쪽으로 날아가 버린 예는 종종 있는 일이다. 이렇게 해서 여행을 한다고는 하나 우리 인간들이 한가로이 즐기는 여행과는 다른 것이며, 그 이동의 정체는 아직 수수께끼로 남아 있다.

여행을 하는 가장 유명한 곤충으로 북아메리카에 분포하고 있는 아름다운 나비가 있다. 이 나비는 여름에는 캐나다의 남부로부터 남쪽 일대에 살고 있으나 가을이 되면 집단으로 무리지어 남쪽으로 이동하기 시작한다.

이동하면서 차츰 마리 수도 많아져 몇 100만 마리의 나비가 3킬로미터나 이어져 날아가는 일도 있다.

이렇게 해서 따뜻한 캘리포니아나 플로리다에 도착하면 모이는 곳이 정해져 있어서, 그 일대의 나뭇가지에 조롱조롱 매달려 겨울을 난다.

몬트리올(캘리포니아 주)에는 나비의 공원이 있어서 집단으로 모여든 나비의 큰 무리를 볼 수 있다. 만일 돌을 던지거나 잡을 때는 벌금을 물게 되어 있다.

이들 중 어떤 것은 약 3,000킬로미터를 날아온 나비들도 있다고 한다.

🔻 박각시―낮에 활동하며 공중에 정지한 채 주둥이를 뻗어 꽃의 꿀을 빤다.

🔴 왕잠자리—연못이나 강가에 살며 날아갈 때는 시속 40킬로미터의 속도를 낸다.

● 곤충의 스피드

요즘은 철도와 자동차, 비행기 등의 교통 수단이 발달해서 시속 100킬로미터라고 해도 그리 빠르게 느껴지지 않을 정도이다.

그럼 곤충이 나는 속도는 어느 정도일까?

곤충은 우리들의 눈에 띔과 동시에 멀리 날아가 버리기 때문에 상당히 빠르다고 생각할지도 모르겠다.

그러나 곤충이 가지고 있는 동력이라고는 오직 날개뿐이다. 만일 이 가냘픈 날개로 100킬로미터의 속도를 내는 곤충이 있다고 하면 공기와의 마찰에 의해 타 버릴 것은 뻔한 일이다.

우리들이 빠르다고 느끼는 것은 곤충의 몸이 매우 작기 때문이다.

🔻 **꿀벌**—꿀벌은 시속 20킬로미터의 속도를 내며 난다.

또 한 가지, 평균 속도와 순간 속도의 다름이 있다. 이를테면 잠자리(왕잠자리과)는 평균 시속은 40킬로미터, 순간 시속은 60킬로미터이다. 그러니까 어느 때나 그리 오랜 시간은 날지 못한다.

그러면 우리 주변에서 흔히 볼 수 있는 곤충들의 속도를 살펴보자. 박각시는 평균 시속 40킬로미터, 순간 시속 53킬로미터이다. 말벌은 평균 시속 20킬로미터이고, 꿀벌도 이와 거의 같다. 호랑나비는 평균 시속 20킬로미터이다.

곤충 중에서 가장 빠른 것으로 알려진 것은 사슴이나 순록 등에 기생하는 파리인데, 이들의 평균 시속은 약 60킬로미터 정도가 된다.

이것은 곤충으로서는 경이적인 스피드이다. 이 기생성의 파리는 사슴 무리의 떼에 가까이 와서 재빠르게 털에 앉아 알을 낳은 다음 날아가 버린다.

여기서 까인 애벌레(구더기)는 피부를 뚫고 나와 땅에 떨어져 땅 속으로 들어가서 번데기로 된다.

즉 재빠르게 알을 낳지 않으면 사슴의 꼬리나 입에 덮쳐 죽게 되므로 종족을 유지하기 위해 빨리 날게 된 것이라고 말할 수 있다.

● 독벌레는 어떤 것인가

곤충은 흉한 것이라든가 독이 있다고 생각하는 사람이 적지 않다. 물론 파리나 모기 또는 바퀴벌레 등은 세균을 옮기거나 병원균을 옮겨 사람을 고통스럽게 만든다. 따라서 구제하지 않으면 안 될 해충이다.

🔴 **독나방**—불빛을 찾아 들어온 성충의 몸에 독침모가 흩어져 있어 사람의 피부에 닿으면 피부염을 일으킨다.

그러나 우리 나라에 있는 것만도 몇만 종이 되므로 그 모두가 인간에게 해를 끼치는 것이라고는 단정할 수 없다.

따라서, 우리들 가까이에 있는 종류로서 특히 조심해야 할 독충들이 있다. 독충을 구별하는 방법을 간단히 소개하면 아래와 같다.

먼저 나방에 경우 독나방과 차독나방을 들 수 있다. 이것은 애벌레와 어른벌레가 독이 든 털을 가지고 있다. 이 털에 쏘이면 붉게 부어 오르고 문지르면 더욱 심해진다.

처치 방법으로는 물로 살짝 씻은 다음 아연화올레프유를 바르고 냉습포를 하는 것이 가장 좋다. 연고류는 피부의 투과성을 좋도록 하기 때문에 사용하지 않는 것이 좋을 때가 있다.

갑충류에는 사마귀붙이 무리가 있으며, 여름철에 등불에 모이는 푸른사마귀붙이(몸길이 1.2센티미터)도 독충에 속한다. 만일 피부에 닿으면 이것을 으깨어서는 안 된다. 이를 누르면 칸타리틴이라는 독을 내어 두드러기처럼 피부가 붓거나 물집이 생긴다(독의 성분은 페테린).

이 독이 닿으면 사람에 따라서 정도가 다르지만, 따끔따끔하게 아프다. 물집이 생기면 이내 피부과 병원에 찾아가 치료하는 것이 좋다.

이 밖에 감나무 잎에 있는 가시가 나 있는 애벌레에 쏘이면 심한 통증을 느끼게 된다. 이것도 독액이 들어간 것이므로 앞에서 설명한 처치법으로 치료하는 것이 좋다.

🔴 노랑쐐기나방—보통 볼 수 있는 나방으로 유충은 감나무·배나무 등에 살며 배 부분의 돌기에 난 가시털에 닿으면 심한 통증을 느끼게 된다.

● 13시간 반의 비밀

호랑나비나 남방제비나비를 사육할 때 가장 궁금한 것은, 가을이 되어 번데기로 된 것이 과연 언제 나비로 되겠는가 하는 문제이다.

자연 속에서는 호랑나비의 무리가 번데기로 겨울을 난다고 알려져 있다. 이것을 '휴면용'이라고 일컫는데, 이것은 봄이 와야만 나비로 된다.

🔺 번데기에서 나오는 호랑나비―해가 떠오르면 번데기의 허물이 벗겨지면서 마지막 허물벗기가 끝나 마침내 멋진 호랑나비가 나온다.

🔻 번데기의 색—번데기의 색깔은 온도나 햇빛의 밝기에 따라 달라진다.

 만일 들에서 휴면용을 주워 와서 따뜻한 곳에 두어도 이내 나비로 나오지는 않는다. 설사 그렇게 나온다고 해도 짝짓기 하는 힘이 없는 매우 약한 나비가 된다.

 여름철에 번데기로 된 것은 1주일이나 10일 정도면 나비가 되는데, 겨울의 번데기는 어떻게 해서 잘 되지 않을까?

 이에 대한 궁금증을 풀어 주는 열쇠가 애벌레 시절에 있다는 사실이 밝혀졌다. 즉 작은 애벌레 시절로부터 하루에 밝은 곳에서 몇 시간씩 활동했는가가 몸의 생김새를 바꾸는 데 영향을 미친다는 것이다.

 실험에 의하면 1령이나 2령일 때부터 24시간 중 13시간 이상 밝은 곳에서 활동했던 애벌레는 이내 까이는 애벌레(비휴

🔴 호랑나비 애벌레를 기를 때에는 밝은 곳에 놓아 두어야 한다. 햇볕이 적게 들면 겨울나기형의 번데기가 되기 쉽다.

면용)로 되고, 밝은 시간이 13시간 반에 도달되지 않는 것은 휴면용으로 되어 버린다.

　나비의 애벌레의 경우는 그리 밝지 않아도 되나 야외에서는 해뜨는 시각부터 해지기까지의 시간에 약 30분 정도를 더한 것이 13시간 반이 되지 않으면 안 된다. 이것은 4월 하순부터 8월 하순까지 해당된다. 그러므로 9월에 들어와서부터 기른 애벌레는 휴면용이 되어 버린다.

　그러나 애벌레를 작을 때부터 방 안에서 기르면 인공 조명으로 밝은 시간을 늘리는 것이 되므로 그러한 겨울에는 비휴면용이 된다.

　낮의 길이는 곤충의 생태에 이처럼 민감하게 영향을 미치고 있다. 그러나 24시간 계속 밝게 해 놓으면 반대로 주기가 없어져 죽어 버리는 것이 많다. 그러니까 적어도 5시간 정도는 어두운 시간이 필요하다고 알려져 있다.

● 곤충은 뛰어난 건축가

작은 곤충이라고 해서 환경에 적응하며 무조건 살아가지는 않는다. 환경에 적응하려는 본능은 좀더 나은 생활을 유지하게 해 준다.

곤충들이 집을 짓는 행동은 특별히 어떤 재료와 방법을 써서 짓겠다고 생각하여 이루어지는 것이 아니다. 그들은 본능적으로 자신들의 집을 정교하게 짓는다.

곤충들이 집을 짓는 목적 중의 하나는 적으로부터 자신을

🔴 하늘소의 집—종류에 따라 유충이 겨울잠을 자기도 하지만 울릉도하늘소는 나무 줄기에 구멍을 파고 그 속에 들어가 겨울을 난다.

보호하기 위해서이다. 나뭇가지와 마른 잎 등으로 지은 집은 적의 눈에 잘 띄지 않기 때문에 많은 곤충들이 나뭇가지와 잎을 집 짓는 재료로 이용한다.

또 어떤 곤충은 자신의 먹이를 구하기 위해 집을 짓는다. 땅에 구멍을 파거나, 바위 틈에 그물을 치고 먹이를 기다린다. 그 밖에 겨울을 나기 위해서 집을 짓는 곤충들도 있다.

대부분의 곤충들은 자신의 알에서 부화한 유충을 위해 안전하면서도 먹을 것이 많을 곳을 택해 산란하려는 본능이 있다. 따라서 그 종류에 따라 산란하는 장소도 매우 다양하다.

곤충 가운데는 알과 유충을 위하여 집을 지어서 그 안에 산란하는 것들이 있다. 이것은 자손을 안전하게 보호하려는 본능에서 비롯된다.

집을 지을 때 사용되는 것에는 나뭇잎·나뭇가지·타액·진흙·흙·밀랍·스스로 만들어 내는 실 등이 있다. 이 재료들을 적절히 섞어 집을 짓는 것은 자신을 위한 집을 지을 때와 다르지는 않지만 제법 튼튼한 편이다.

집을 지을 때 사용되는 도구는 입과 다리이다. 입으로 나뭇조각을 씹어 내 종이집을 만들기도 하고, 다리까지 동원해서 흙집을 만들기도 한다.

집의 규모도 각기 다르다. 하나의 방으로 완성되는 집이 있는가 하면, 몇 개에서 수십 개의 방을 갖춘 집도 있다.

개미와 벌 같은 곤충은 가족끼리 살기 위해 집을 짓는다. 개미는 땅 속에 많은 방과 그 방들을 연결하는 굴을 만든다. 벌은 나무 줄기 속이나 나뭇가지에 일벌이 몸에서 내는 밀랍으로 집을 만들어 겹겹이 붙인다.

곤충의 생장

곤충의 생활

● **곤충의 변태(탈바꿈)**

곤충의 일생은 대개 알에서 시작한다. 알에서 깬 애벌레는 자라서 어른벌레가 된다.

그런데 곤충의 몸은 단단한 껍데기로 싸여 있기 때문에 서서히 자라지 못하고 애벌레 시기에 몇 번 허물을 벗으면서 자란다. 이렇듯 껍질을 벗는 것을 허물벗기라고 한다.

🔺 **곤충의 변태**—곤충의 변태는 환경의 변화에 적응하기 위한 것이다.

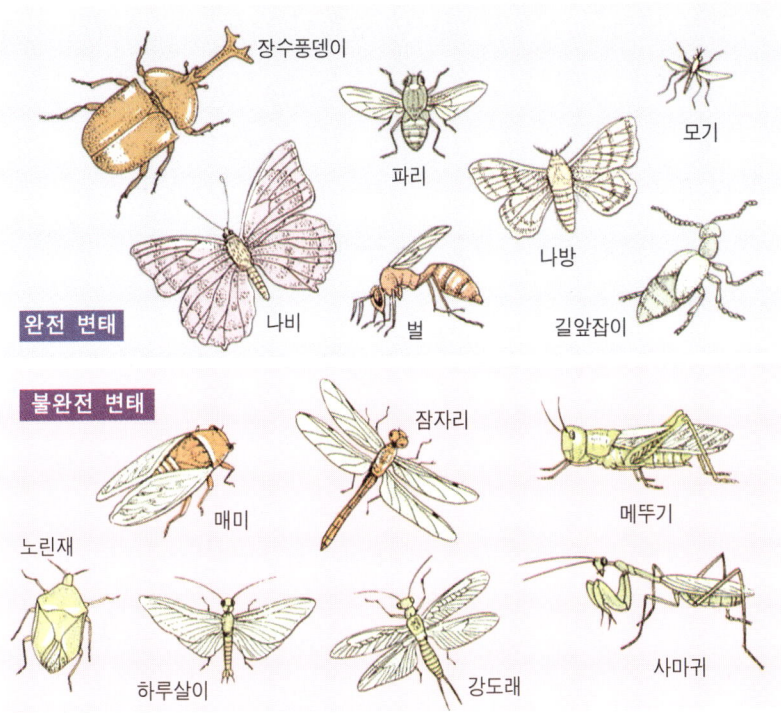
🔴 완전 변태와 불완전 변태를 하는 곤충의 종류

한편 애벌레가 자라서 어른벌레가 되는 동안 그 모습이 달라지는데, 이것을 변태라고 한다. 곤충들이 변태를 하는 가장 큰 이유는 환경에 적응하기 위해 환경의 변화에 따라 몸의 형태를 바꾸는 것이다.

곤충의 변태는 곤충의 종류에 따라 완전 변태·불완전 변태·무변태의 세 가지로 나눌 수 있다.

완전 변태는 알에서 깨어 유충이 되고, 유충이 차차 자라면서 번데기가 되었다가 성충이 되는 것을 말한다. 완전 변태의 특징인 번데기는 거의 움직이지 않고 몸의 변화를 기다리다가 때가 되면 번데기의 허물을 벗고 성충이 된다. 이러한 완전 변태를 하는 것에는 나비·벌·풍뎅이·파리 등이 있다.

불완전 변태는 알에서 깨어난 유충이 형태는 바뀌지만 번데기의 과정을 거치지 않고 성충이 되는 것을 말한다. 귀뚜라미·잠자리·메뚜기 등은 불완전 변태를 한다.

무변태는 알에서 깨어난 유충의 형태 그대로 성충이 되는 곤충을 무변태 곤충이라고 한다. 좀·톡토기 등은 무변태 곤충에 속한다.

● 호랑나비의 한살이

호랑나비의 갓 낳은 알은 지름은 약 1.5밀리미터로 둥글고, 푸른 빛깔이 약간 도는 황백색으로서 작은 진주처럼 생겼다. 1주일이 지나면 이 알이 깨어 작은 애벌레가 생긴다. 애벌레는 턱으로 껍질을 물어뜯어 구멍을 내어 밖으로 기어 나온다.

갓 태어난 애벌레는 어미 호랑나비가 알을 낳은 운향과 식물의 잎만을 먹고 자란다.

애벌레는 허물을 한 번씩 벗을 때마다 점점 크게 자라며 보통 4령이 된 뒤 5일 정도 지나면 5령인 마지막 애벌레가 된다.

호랑나비의 마지막 애벌레는 나뭇가지에 올라 입에서 실을 토해 내어 가지에 친친 감아 발판을 만든다.

실에 갈고리를 걸고 띠의 테를 만들고 테를 동여매어 움직이지 않게 하여 번데기가 될 준비를 모두 마친 애벌레는 껍질을 벗어 번데기가 된다.

번데기 상태로 10~15일 정도 지나면 번데기의 등 쪽이 갈라지면서 멋진 날개를 가진 호랑나비 어른벌레가 나온다. 갓 나온 호랑나비는 날개가 마를 때까지 기다린다.

①호랑나비는 애벌레가 잘 먹는 운향과 식물의 잎에 알을 낳는다.

②노랗고 동그란 호랑나비 알의 지름은 약 1.5밀리미터이다.

③알에서 나온 애벌레는 나뭇잎을 먹으며 여러 번 모습을 바꾼다.

④몇 차례 허물을 벗은 애벌레는 번데기로 10~15일 정도 보낸다.

⑤번데기에서 나온 호랑나비가 젖은 날개를 말리고 있다.

⑥날개가 마르면 꿀과 꽃가루를 먹기 위해 꽃을 찾아간다.

🔺 호랑나비의 한살이

● 무당벌레의 한살이

무당벌레는 진딧물이 많이 있는 풀이나 나무의 잎 뒷면에 길이가 2밀리미터 정도 되는 알을 낳는다. 알은 오렌지색 럭비공 모양으로, 무당벌레는 알을 하나씩 심듯이 30개쯤 낳는다.

알을 낳은 지 3~5일 정도 지나면 알껍질을 찢고 2밀리미터 되는 1령 애벌레가 나온다. 애벌레는 진딧물을 잡아먹으며 허물벗기를 3번 해서 4령 애벌레가 된다.

마지막 허물벗기를 한 애벌레는 아무것도 먹지 않고 줄기나 잎에서 꼼짝하지 않고, 꽁무니에서 끈끈한 점액을 내어 몸을 고정시킨다. 그 후 2일이 지나면 등이 갈라지면서 오렌지색 몸을 나타내어 번데기가 되기 시작한다.

번데기의 몸은 차츰 굳어지고 빛깔도 검게 변한다. 굳어진 번데기의 몸 속에서는 애벌레의 몸의 조직이 어른벌레의 몸의 조직으로 바뀌어 간다.

번데기가 된 지 5~6일째의 밤에 번데기는 마지막 허물벗기를 하면서 날개돋이를 시작한다.

번데기의 머리가 세로로 갈라지면서 무당벌레의 머리가 나오고 그 다음에는 날개가 나온다. 날개가 나오기 시작하면서 5분 정도 지나면 배까지 다 나온다. 이 때의 앞날개는 무늬도 광택도 없다. 약 1시간 가량 지나면 몸이 마르고 앞날개가 펴져서 주름이 없어지면 마침내 뒷날개를 펴고 앞날개에 무늬가 차차 떠오른다.

몸이 다 말라 무늬가 완전히 떠오르고, 앞날개의 빛깔이 선명하게 되려면 하루는 기다려야 한다. 무당벌레는 같은 종류이지만 앞날개의 무늬가 다른 경우가 종종 있다.

▶무당벌레의 알

▶알에서 나온 애벌레

▶번데기가 된 애벌레

◀번데기에서 갓 나온 무당벌레의 날개는 노란빛이지만 잠시 후면 붉게 변한다.

🔴 무당벌레의 한살이

● 장수풍뎅이의 한살이

장수풍뎅이는 8월이 끝날 때쯤의 저녁에 썩은 낙엽 밑이나 퇴비 속에 약 40~50개의 알을 낳는다. 알은 하얗고 둥근 모양이 매일 조금씩 커 간다. 7~10일 정도 지나면 처음보다 약 2배 정도로 커진다.

알의 크기가 4~5밀리미터 정도로 크면, 그 속에서 모습을 갖춘 애벌레가 밖으로 나갈 준비를 하며 움직이기 시작한다.

애벌레가 알껍질을 입으로 찢고 밖으로 완전히 나오는 데는 약 20분 정도 걸린다. 밖으로 나온 애벌레는 하루 정도 쉬고, 몸의 빛깔이 크림색으로 변하면서 주변에 있는 퇴비를 먹고 성장한다.

가을에 부화한 애벌레는 성장하면서 겨울을 지낸다. 이듬해 초여름쯤에는 몸무게가 300배나 되며, 몸길이는 10센티미터 정도로 자란다. 성장한 애벌레는 큰턱으로 퇴비나 흙을 파고 속으로 기어들어가 몸을 돌리면서 고치(번데기의 방)를 만든다.

번데기가 되기 전의 장수풍뎅이는 며칠 동안 가만히 있다가 등이 갈라지면서 허물을 벗고 하얀 번데기가 된다. 번데기가 되면 암수의 구별이 분명해진다. 처음에는 오므라져 있던 수컷의 뿔이 차츰 뻗어 나와 10일쯤 지나면 또렷한 뿔 모양을 갖추게 된다.

장수풍뎅이가 번데기로 지내는 기간은 약 3주일 정도이다. 번데기가 갈색으로 되면 애벌레는 고치 안에서 허물을 벗는다. 이처럼 허물벗기를 끝낸 장수풍뎅이는 몸이 단단해질 때까지 흙이나 퇴비 속에서 가만히 있는다.

그 후 여름밤, 흙 속에서 나와서 상수리나무 숲으로 날아가 한 달 동안의 어른벌레 생활을 시작한다.

1 알을 낳고 있는 장수풍뎅이

2 땅 속 구덩이에 알을 낳는다.

3 알에서 부화한 애벌레는 땅 속에서 겨울을 난다.

4 성장한 애벌레가 번데기가 되면 암수의 구별이 분명해진다.

5 3주 후에 허물을 벗고 몸이 단단해질 때까지 흙 속에 있는다.

6 몸이 단단해지면 근처 상수리나무로 날아가 수액을 먹으며 생활한다.

🔺 장수풍뎅이의 한살이

● **잠자리의 한살이**

　고추잠자리는 한 마리의 암컷이 수백 개부터 수천 개의 알을 낳는다.

　고추잠자리는 공중에서 수면으로 알을 낳아 떨어뜨린다. 그 밖의 많은 종류의 잠자리는 짧은 산란관을 이용하여 수생 식물의 줄기나 잎을 갈라서 그 안에 알을 낳는다.

　잠자리의 애벌레는 호수·연못·하천·개울 등 맑은 물 속에서 물고기 등을 잡아먹고 허물벗기를 되풀이하면서 크게 자란다. 허물을 한 번 벗을 때마다 나이가 많아지는데, 10~15번 허물벗기를 한다.

　허물을 벗을 때마다 몸의 무늬도 뚜렷해지고, 잠자리의 날개를 간수하는 등의 시아 부분이 두드러지게 된다.

　애벌레에서 잠자리로 되기까지의 기간은 짧은 것은 수개월, 긴 것은 6~7년이나 되는 것도 있다.

　애벌레는 마지막 날개돋이를 할 준비가 되면 물에서 나와 의지할 만한 것을 찾아 붙잡는다. 얼마 후 겉가죽이 말라 등줄기를 따라 머리 뒤끝까지 겉가죽이 찢어진다.

　그러면 먼저 머리·가슴·날개의 순서로 잠자리가 모습을 나타내고, 이어서 다리가 나온다. 다음에는 두 번째 동작으로 공중에 똑바로 서 있거나 매달려 있던 몸통 부분이 갑자기 꼿꼿하게 일어서서, 다리로 허물을 붙잡은 다음 배 부분을 빼내고 아래로 처진다.

　허물에서 몸을 완전히 빼내어 날개돋이를 마친 잠자리는 날개가 완전히 말라 굳어져 날 수 있게 될 때까지 기다렸다가 어른 잠자리로서 하늘을 날게 된다.

▲물가 수초에 알을 낳는다.

▲잠자리의 알이 수초에 붙어 있다.

▲알에서 부화한 애벌레는 투명한 빛을 띤다.

▲물고기나 수생 동물 등을 잡아먹으며 수차례 허물을 벗으며 자란다.

▲물에서 나와 근처의 식물 줄기에서 마지막 허물을 벗는다.

▲허물에서 완전히 나오면 몸이 완전히 마를 때까지 가만히 기다린다.

🔺 잠자리의 한살이

● 매미의 한살이

매미의 암컷은 송곳 같은 뾰족한 산란관으로 나뭇가지에 구멍을 뚫고, 한 구멍에 약 10개의 알을 낳는다. 한 번만 낳는 것이 아니고 여기저기 다니면서 30~40번쯤 다른 나무에다 알을 낳는다. 그러므로 한 마리의 암컷은 약 300~900개의 알을 낳는 셈이다. 알은 그대로 나무 속에서 겨울을 나고 다음 해 봄에 부화한다.

알의 길이는 약 1밀리미터 정도 되며, 가늘고 길게 생겼다. 이듬해 여름쯤 지난 해에 산란된 알에서 갓 태어난 1령 애벌레(몸길이 약 3밀리미터)는 다리 1쌍이 얇은 막을 덮어 쓰고 있는데, 조금씩 몸을 움직여 나무 구멍의 입구까지 기어 나온 후 얇은 막을 벗어 버린 후 애벌레가 된다.

나무 위를 기어다니던 1령 애벌레들은 땅 위로 떨어져 몸이 딱딱하게 굳어지고, 머리의 앞쪽도 불룩해지고 앞다리도 갈고리 모양으로 되면서 땅을 파서 새로운 보금자리를 만든다.

땅을 파고 들어간 애벌레는 대롱 모양으로 생긴 주둥이를 나무 뿌리에 박고 수액을 빨아먹는다. 이러한 땅 속 생활을 2~3년, 어떤 매미는 17년이나 하는 것도 있다.

유지매미나 참매미는 알이 부화되고 나서 6년째에 어른벌레가 되므로 산란한 해로부터 7년째에 어른벌레가 된다.

대개 저녁 무렵 기어 나온 애벌레는 가까운 나무로 올라가 밤이 되면 등이 갈라지면서 어른벌레로 탄생한다. 갓 허물을 벗은 어른벌레는 흰 날개에 말랑말랑한 몸을 하고 있다. 그 후 아침이 되면 몸이 완전히 굳고 빛깔이 진해지면 비로소 매미의 모습을 갖추게 된다. 그러나 수명은 약 3주 정도뿐이다. 매미는 번데기 시기가 없는 불완전 탈바꿈을 한다.

▲나뭇가지 속에 산란관을 넣어 알을 낳는다.

▲알은 나뭇가지 속에서 그대로 겨울을 난다.

▲부화한 애벌레는 땅으로 떨어져 땅 속에서 2~3년을 보내며 성장한다.

▲다 자란 애벌레는 저녁 무렵 땅 밖으로 나와 가까운 나무로 올라간다.

▲나무 위로 올라온 애벌레는 마지막 허물을 벗고 나온다.

▲몸이 마르면서 점차 몸빛깔이 진해져 완전한 매미의 모습을 갖추게 된다.

🔴 매미의 한살이

● 메뚜기의 한살이

암컷 메뚜기는 긴 배를 구부려 산란관으로 약 3센티미터의 깊이로 땅을 파서 알 낳을 구멍을 만든다. 땅을 다 파고 나면 암컷은 땅 속에 알을 낳는다.

땅 속에 꽂아 넣은 긴 배에서 거품 같은 점액을 분비하여 구멍 속으로 내보낸다. 이 거품 같은 점액 속에 여러 개의 알을 나란히 낳는다. 메뚜기는 한 번에 20~120개까지 알을 낳는다.

메뚜기 무리는 여름부터 늦가을까지 계속해서 구멍을 파고 알을 낳는다. 일생 동안 20개 정도의 알덩어리를 남긴다.

갓 낳은 알의 길이는 약 5밀리미터로 축축한 점액의 흰 거품이 땅 속의 알무더기를 감싸고 있다. 이 흰 거품은 마르면서 탄력성 있는 다갈색의 얇은 막으로 변하여, 땅 속에 낳은 알을 겨울의 추위와 건조로부터 안전하게 보호한다.

추운 겨울이 지나고 봄이 되면 알 속에서 애벌레의 몸이 만들어지기 시작한다. 5월 중순경이면 땅 속에서 메뚜기의 애벌레가 태어나는데, 이들은 땅이 갈라진 틈새로 기어 나온다.

땅 위로 나온 1령 애벌레는 온 몸을 싸고 있던 얇은 껍질을 벗어 버리고 비로소 어미를 닮은 메뚜기의 모습이 된다.

어린 메뚜기들은 땅 위를 기어서 가까운 풀숲으로 흩어진다. 태어난 지 얼마 안 된 애벌레는 다갈색을 띠고 있지만, 풀숲으로 들어가면 곧 초록빛으로 변하여 자기 몸을 보호한다.

애벌레는 날개가 없을 뿐이지 머리·가슴·배 등은 어른벌레와 생김새가 비슷하다. 애벌레는 자라면서 여러 차례 허물을 벗으며 자라는데, 허물벗기가 시작되면 낡은 껍질은 벗어 버리고 새 껍질이 점차 딱딱해지면서 급격하게 자란다.

▲땅 속에 산란관을 꽂고 점액질의 거품과 함께 알을 낳는다.

▲거품 속에 노란색을 띤 메뚜기의 알이 들어 있다.

▲시간이 지나면 알과 거품은 다갈색으로 변하고 겨울을 보낸다.

▲5월경 애벌레가 땅 밖으로 기어 나와 곧바로 풀숲으로 들어가 성장한다.

▲어미와 모습은 같지만 날개가 없는 애벌레는 마지막 탈피를 하고 비로소 날개가 생긴다.

▲갓 탈피를 한 메뚜기는 엷은색을 띠며 점차 색이 진해진다.

🔴 메뚜기의 한살이

마지막 허물벗기가 시작되면 애벌레는 머리를 아래로 하고 풀잎에 매달려 꼼짝하지 않다가 밤에 묵은 등껍데기가 갈라지면 거꾸로 매달리듯이 하여 어른벌레가 나온다.

머리·가슴·앞다리·뒷다리에 이어 날개가 나오는데, 뒷날개가 완전히 펴지면 앞날개 밑에 접어 둔다.

갓 나온 이 어른벌레는 엷은색을 띠며 점차 색이 진해지면서 완전한 어른벌레가 된다.

메뚜기는 번데기 시기가 없는 불완전 탈바꿈을 한다.

곤충 이야기

초판 1쇄 인쇄 2008년 10월 15일
초판 1쇄 발행 2008년 10월 20일

엮은이
학생과학문고편찬회

펴낸이
조 병 철

펴낸곳
한국독서지도회

경기도 고양시 일산동구 장항동 580
TEL (031)908-8520
FAX (031)908-8595
출판등록 1997년 4월 11일 (제406-2003-016호)

✱ 잘못된 책은 바꿔 드립니다.
✱ 책값은 뒤표지에 있습니다.

ISBN 978-89-7788-316-1